中公新書 2270

大谷 正著

日清戦争

近代日本初の対外戦争の実像

中央公論新社刊

はじめに

日清戦争は一九世紀末に東アジアで発生した戦争である。

日清戦争は戦争当時どのように呼ばれたのか、英語と戦争当事国で何と呼ばれているのかという問題から、本書の叙述を始めたい。呼称は、この戦争の本質をどう見るのかと関係する、なかなか難しい問題である。

英語の歴史用語では、「一八九四年から一八九五年の間の中国と日本の戦争」を意味する、The Sino-Japanese War of 1894 - 1895. というのが一般的である。

中国では「日清戦争」をひっくり返した「清日戦争」は使わないので「中日戦争」と呼ばれるはずだが、現代中国で「中日戦争」と言う場合、一九三七年から四五年まで八年間の「抗日戦争」（日本では日中戦争）を指すのが普通なので、これと区別するため「甲午《こうご》中日戦争」（一八九四年が干支で甲午《きのえうま》の歳）あるいは「第一次中日戦争」と呼ぶ。かつては、中国と東洋（日本の意味）の戦争という意味で、「中東戦争」と称したこともあった。現在の韓国では「清日戦争」と呼んでいる。

日本では戦争当時から「日清戦争」が一般的に使われたが、政府や陸軍では「明治二十七八年戦役」と呼んだ。西南戦争を「明治十年役」、日露戦争を「明治三十七八年戦役」と呼ぶのと同じで、「〇〇年の戦争」と表現し、内容に関する議論を避けて形式的な正確さを求める官僚的発想である。一方で、戦争当事国が日本・清・朝鮮三ヵ国に及んだことから、外務省では「日清韓事件」または「日清韓交渉事件」と表現することがあった。日清戦争の呼称は、戦争相手国や戦争期間と関連するので、「終章」で再度検討しなければならない。

日本近代史の通史的な叙述では、日清戦争はその一〇年後の日露戦争と併せて、「日清・日露戦争」と表現されることがある。この場合、より規模の大きな日露戦争に重点を置き、日清戦争はそれにいたる過程として描かれる。しかし日清戦争と日露戦争は性格の異なった戦争であり、「日清・日露戦争」と併せて表記することは不適当である。

日露戦争は二〇世紀に入って最初の列強間の、つまり帝国主義国同士の戦争であった。「第〇《ゼロ》次世界大戦」という位置づけをする研究者さえいるように、第一次世界大戦で現れる総力戦の様相さえ、部分的に示していた。全面的な総力戦とならなかった理由は、日本・ロシア両国が後れた二流帝国主義国で、戦場が欧州から見ると地球の裏側の生産力が低くて交通が不便な満州（中国東北地区）と朝鮮であったためである。そして開戦直後の一九〇四年四月に、日本・ロシア両国をそれぞれ援助していたイギリスとフランスの間に英仏協商が成立したので、第一次世界大戦のような列強を巻き込んだ世界戦争にはならなかった。

これに対して日清戦争段階では、日本と清は東アジアの強国ではあったものの、近代的な帝国主義国ではなかった。両国ともに西欧列強が一九世紀中期に東アジア地域に持ち込んだ西欧的な外交関係に取り込まれ、不平等条約を強制された存在であった。しかも西欧的な外交関係とならんで、伝統的な中国を中心とする国際秩序もなお存続していた。日清戦争の原因となった朝鮮をめぐる国際関係を見る場合、二つの原理が異なる対外関係の複雑さに注目する必要がある。

日清戦争の場合、朝鮮問題を契機に戦争を仕掛けたのは日本側で、清とりわけ北洋通商大臣（以下、北洋大臣と略称する）として清の対朝鮮外交の責任者であった李鴻章《りこうしょう》は戦争回避に努力した。さらに東アジアに権益を持つ欧米列強、特にイギリスとロシアは戦争回避のために調停に乗り出した。にもかかわらず、なぜ日本側が無理を重ねて開戦に踏み切ったのか、なぜ開戦後の戦争が朝鮮を舞台とした地域的・限定的な戦闘にとどまらず、満州・山東半島・台湾・澎湖《ほうこ》諸島にまで拡大した全面戦争となったのかについては、議論する人によって意見が異なった。

かつては、日本が西欧的な近代化政策を進めるためには、清を中心とする東アジア国際秩序の再編成は不可欠であり、明治維新以後の日本による朝鮮・中国侵略政策の延長線上に日清戦争は避けられなかったという見方が有力であった。つまり日本の政府も軍も、日清間の戦争を不可避と考え、準備を重ね、開戦にいたったという考え方で、現在でもこのような考え方が通説として流布している。しかし、一九八〇年代以降、研究者の間では、このような日清戦争必然説は実証的に批判されるようになった。

日清開戦に関する研究だけでなく、日清戦争の軍事史研究や社会史研究が深まったのも、近年の研究の特徴である。さらに東アジア国際関係史の新たな研究が発表され、また日本軍占領下の朝鮮における第二次農民戦争や台湾の抗日闘争にも目が向けられるようになった。このような多方面の研究の進展によって、比較的小さな戦争であるにもかかわらず、規模の大きい日露戦争よりも複雑な様相を示す戦争であり、戦争の結果が日本と東アジア世界に大きな変化をもたらした日清戦争を、東アジア地域史のなかに位置づけて、さまざまな側面から立体的に理解する条件が整ってきた。

本書は、以上のような近年の日清戦争研究の水準をわかりやすく読者に提示することを目的とし、次のような内容で筆を進めることとしたい。

第1章は、日清戦争の前提として、一八八〇年代の東アジア地域の状況を概説する。一八八五年以降、この地域では天津《てんしん》条約体制と呼ばれる日清の協調体制が成立していたことと、そのなかで、日清両国の軍事力の近代化が進行したことを述べる。

第2章では、このような協調体制が変化するなかで、朝鮮における東学農民軍の蜂起（甲午農民戦争）をきっかけとして、日清両軍が朝鮮に出兵し、迷走の果てに日清の開戦にいたる経過について説明する。

第3章は、開戦後の朝鮮半島での戦闘を、第4章は、中国領土内での戦闘を述べる。これまで、開戦過程研究に比べ、日清戦争時の軍隊や戦闘・戦略の研究は見劣りしていたが、近年、進展が著しいこの分野の研究成果をできる限り本書に反映させるよう努力した。

第5章は、第1章から第4章までのような政治史・外交史研究ではなく、社会史・メディア史を扱う章で、戦争情報がどのようにして人々に伝達され、情報の受容の結果、人々と地域にどのような変化が現れたのかを検討している。

そして、第6章は、講和問題と台湾の抗日闘争と朝鮮の義兵闘争について述べている。

本書が、この小規模であるにもかかわらず複雑な戦争を理解するための一助になれば、幸いである。

なお、本書は新書なので引用文献の注記をしていない。本書がどのような研究に依拠して書かれたのか知りたい方は、巻末の参考文献を見ていただきたい。

また、引用資料は、旧漢字は新漢字へ、歴史的かなづかいは現代的かなづかいへ、カタカナはひらがなへ、それぞれ改め、適宜濁点も補っている。さらに、引用資料のなかには、現在の価値観から見て不適切な表現があるが、歴史用語としてそのまま引用した。あくまで資料としての正確性を期すためである。他意のないことをご理解いただきたい。

目次

日清戦争

第4章　中国領土内への侵攻……111

日清戦争

近代日本初の対外戦争の実像

日清戦争全体図

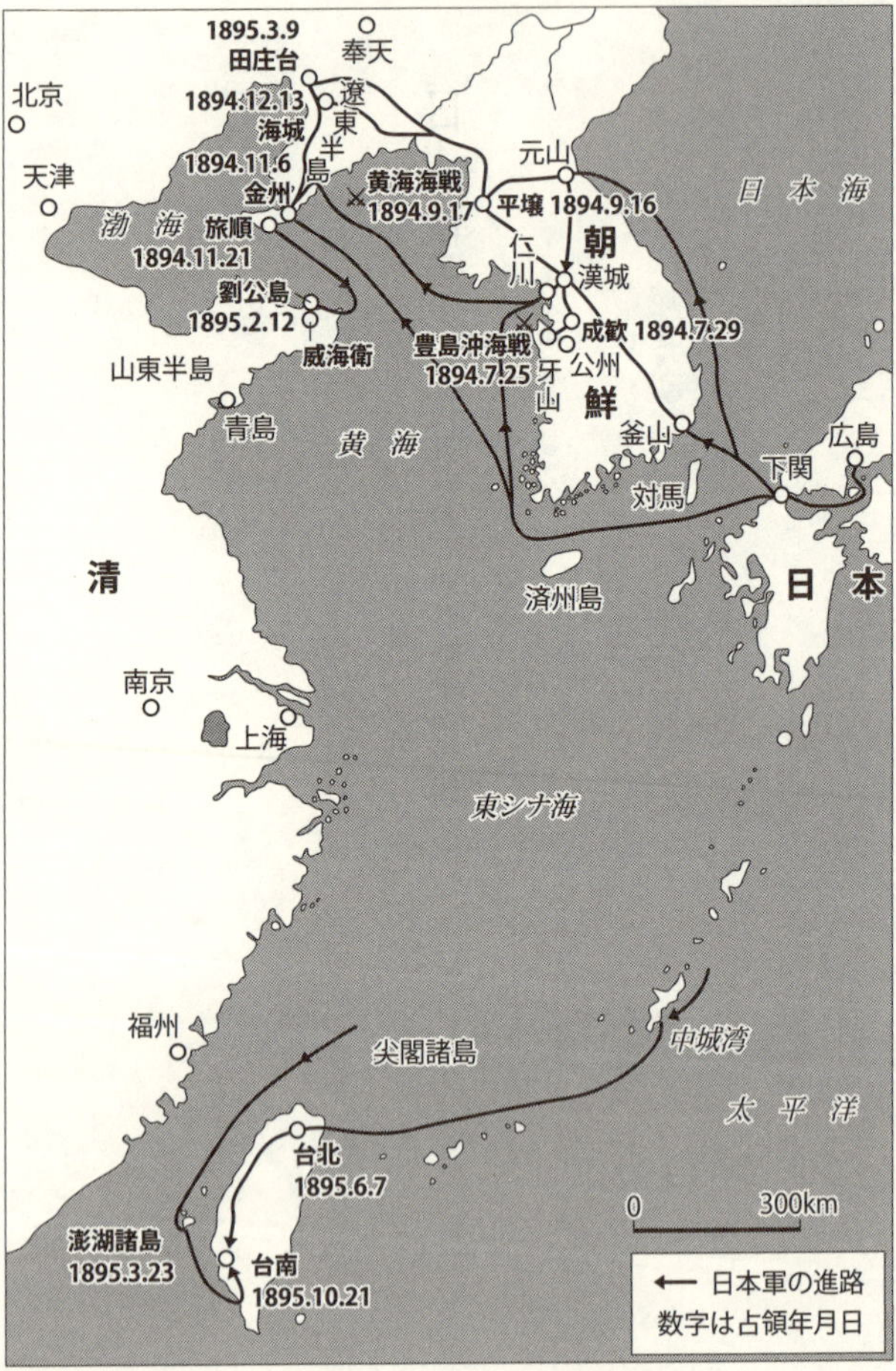

出典：『新選日本史 B』（東京書籍，2011年）を基に著者作成

第1章　戦争前夜の東アジア

I　朝鮮の近代と天津条約体制

「属国」と「自主の国」

日清戦争は一八九四年（明治二七）夏に、日本・清間の朝鮮に対する支配権をめぐる争いを原因として始まった。なぜ朝鮮の支配権をめぐって日清両国が戦わなければならなかったのか――。それを説明するためには、日清開戦時点から一〇年ほど時代をさかのぼって、一八八〇年代の朝鮮について検討する必要がある。

全盛期の清は周辺諸国と朝貢《ちょうこう》・冊封《さくほう》などの儀礼に基づく伝統的な対外関係を結んでいた。つまり周辺国の君主が中国皇帝に使節を派遣して臣下となる意志を示すと（朝貢）、これに対して皇帝が官位・爵位を与えて君臣関係を結び（冊封）、中国は宗主国で周辺国は属国という支配・従属関係が成立したのである。

しかし一九世紀に入り、欧米諸国が東南アジア諸国を植民地化し、北方でロシアが進出してくると、この伝統的な対外関係は変化した。さらに一八四〇年から四二年まで続いたアヘン戦争の後は、清自身が欧米諸国と条約を結んで、朝貢・冊封による従来の儀礼に基づく関係と、条約に基づく西欧基準の外交関係の二つの原理によって対外関係を築くようになる。そして一八八〇年代になると、清と朝貢・冊封関係を維持する国は減り、主要国では朝鮮を残すのみとなっていた。

他方で、日本は一八七五年に発生した江華島《カンファド》事件を契機に、朝鮮政府に迫って翌七六年に日朝修好条規（江華条約）を締結した。

その第一款は「朝鮮国は自主の邦にして日本国と平等の権を保有せり」と規定していた。これを根拠として日本側は、朝鮮政府は西欧基準の独立国として開国し、日本と外交関係を結んだと理解し、そのうえで不平等条約を朝鮮に押しつけた。

しかし、朝鮮政府は日朝修好条規を江戸時代の日朝関係の延長と考えようとし、日本以外の西欧諸国と外交関係を結ぶつもりはなかった。また朝鮮は自国は「自主の邦」であるとする一方で、中国（清）に従う属邦（属国）であるとも考えていた。この「自主の邦」についての日本と朝鮮と清の理解の相違は、日清戦争開戦の際に問題となる。

一八七九年の日本による琉球処分（琉球藩廃止と沖縄県設置）を清は朝貢国琉球の消滅と受け止め、危機感を高めた。北洋大臣として清の対外関係を担っていた李鴻章は、ロシアと日本を牽制するため、朝鮮に清と朝貢・冊封関係を保ったまま欧米諸国と条約を結ぶよう勧め、朝鮮も同意した。このときに朝鮮政府の決断を促したのは、黄遵憲《こうじゅんけん》（在日清公使館参賛《さんさん》）の著書『朝鮮策略』である。同書には朝鮮はロシアの進出を防ぐため、「中国に親しみ、日本と結び、アメリカと聯《つら》なり」、自強を図るべきことが説かれていた。

朝鮮の欧米諸国との最初の条約締結交渉は、アメリカとの間で行われた。このとき朝鮮とアメリカが直接交渉するのではなく、まず一八八二年三月から四月にかけて、中国の天津でアメリカ海軍提督ロバート・ウィルソン・シューフェルトと、朝鮮の宗主国である清の北洋大臣李鴻章の間で交渉が行われた。交渉に入ると李鴻章は、条約に「朝鮮は久しく中国の属邦であるが、内政外交はこれまで自主を得てきた」という条項を入れることを主張した。これについて、朝鮮から派遣されてきた吏曹《りそう》（官吏の人事を司る機関）参議金允植《キムユンシク》も賛成した。しかし、シューフェルトはこのような条項は西欧的外交の概念とは相容れないという意向を示したので、朝鮮が清の「属邦」であるという文言は条約案に明記されなかった。

その代わりに、五月に朝鮮の仁川《インチョン》で、李鴻章の部下でフランスに留学して国際法に詳しかった馬建忠《ばけんちゅう》が仲介して、朝鮮側とシューフェルトの間で朝米修好通商条約が調印される際に次のような措置がとられた。つまり、条約とは別に、朝鮮国王は馬建忠が起草した「朝鮮は清朝の属邦であるが、内治外交は朝鮮の自主である」という内容の親書をアメリカ大統領に送り、朝鮮は自主の国であると同時に、清の属国でもあることを確認したのである。

この後、朝鮮はイギリス・ドイツと条約を締結したが、そのたびに同様の文書を相手国に送った。このように清の主導権の下に朝鮮が欧米諸国と条約を締結する機会を利用して、清は伝統的宗主権を根拠に朝鮮の外交に介入するようになった。

開化政策と壬午軍乱

この時期の朝鮮国王は第二六代高宗《コジョン》（李載晃《イジェファン》。国王在位一八六四～九七年、大韓帝国皇帝としての在位一八九七～一九〇七年）である。李王家の傍流の出身で、庶民のなかで成長した命《ミョン》福《ボク》と呼ばれる一二歳の少年が、一八六四年、前国王の死とともに国王に選ばれた。その後一〇年にわたって、幼い高宗に代わって実父の大院君《テウォングン》（李是応《イハウン》）が政務を握り、政治改革と鎖国・攘夷政策を行った。

しかし、高宗が成長して、一八七三年に親政を開始すると大院君は引退させられ、聡明な年上の王妃の影響力が高まった。高宗王妃閔《ミン》氏（のちの明成《ミョンソン》皇后）、日本では一般に閔妃《ミンピ》（びんき）と呼ばれる女性である。李朝では国王の信任を受けた王妃や皇太后の一族が政権を握る世道《セド》（または勢道）政治の伝統があったため、王妃の影響力が強まるとともに、王妃の出身である驪興《ヨフン》閔氏の一族が政権の中枢を占め、当時の朝鮮政府は閔氏政権と称された。一九世紀末の朝鮮政界のキーパーソンは、国王高宗、大院君、そして閔妃であり、彼らが国内外の勢力と協力・対立関係を繰り返すことで、朝鮮の政治が複雑なものとなる。

先に触れた『朝鮮策略』によって、国王高宗と高官たちはロシアへの危機感を高め、対欧米政策を転換し、国内では「自強」を図るための開化政策を開始した。一八八一年一月に近代的な行政機構として統理機務衙門《とうりきむがもん》を設置し、軍制も改革し、朝鮮最初の西洋式軍隊である別技《べつぎ》軍を創設し、訓練担当者に日本公使館付武官堀本礼造《ほりもとれいぞう》工兵少尉を招いた。さらに日本に紳士遊覧団と称する視察団を派遣して、近代的な文物制度を調査させた。

一方で保守的な儒学者は、政府が『朝鮮策略』を配布して開化政策を進めたことに反発した。全国各地の儒生は開化論者を非難し、国王や閔氏政権の失政を論難した。この運動が高まると、政府から退けられていた大院君は、一八八一年に閔氏政権を倒し、わが子の高宗を廃して庶子の李載先《イジェソン》を王位に即《つ》けようとしたが失敗した。

さらに開港後に拡大した日朝貿易は朝鮮社会に影響を及ぼした。当時の日朝貿易は、日本を介してイギリス製綿製品を輸入し、日本へは金地金と米・大豆などの米穀が輸出されるという構造であった。なかでも問題は米穀輸出問題であった。開港後は、首都漢城（ソウル）

への米穀の供給不足と米価騰貴をもたらしたからである。また各地域でも開港場へ向けた穀物流出により米穀不足の状態が生じていた。このような米穀の供給不足と米価騰貴は、漢城に居住する兵士を含む都市下層民の生活を直撃した。

そして、朝米修好通商条約が締結された直後に、壬午《じんご》軍乱（壬午事変）と呼ばれる、兵士と民衆による閔氏政権の進める開化政策に反対する暴動が発生した。

壬午軍乱の直接の原因は、一三ヵ月も滞っていた兵士への米の支給をめぐるトラブルであった。一八八二年七月一九日、ようやく支給された米は、倉庫を管理する役人の不正のために屑米《くずまい》や砂の混じる劣悪なものであった。これがきっかけとなって開化政策のなかで冷遇されていた在来軍隊の下級兵士が反乱を起こしたのである。

七月二三日に組織的な行動を始めた兵士たちに、零細商人、手工業者などの都市下層民が加わって、閔氏政権の高官の屋敷を破壊し、別技軍教官の堀本礼造少尉を殺害して、さらに奪った武器で武装し、西大門《ソデムン》外の日本公使館を襲撃した。公使館を脱出した花房義質《はなぶさよしもと》公使らは死傷者を出しながら翌二四日仁川に逃亡し、最終的にはイギリスの測量船に助けられて長崎に逃げ帰った。二四日、兵士たちは王宮（昌徳宮《チャンドックン》）に向かい、閔氏政権の高官を殺害したが、最大の攻撃目標であった閔妃を発見できなかった。彼女は女官に変装して王宮を脱出し、実家のある驪州《ヨジュ》に身を隠した。

高宗は事態収拾の術を失い、引退させられていた大院君に政治の大権を委ねざるを得なくなる。復活した大院君政権は開化政策を白紙に戻し、反乱に参加した兵士たちへの給料支払いを約束して事態の収拾を図った。そして、行方不明の閔妃は死亡したとして葬儀を行った。

日清の対応

日本側は長崎に逃げ帰った花房公使からの電報で七月三〇日に壬午軍乱の発生を知った。翌日の閣議の決定を受けて、井上馨外務卿は花房公使に、朝鮮政府に対する公式謝罪、賠償金支払いなどの要求を内容とする訓令を与え、軍艦三隻とともに仁川に向かわせ、さらに軍艦と歩兵一大隊を追加派遣した。

清は八月一日、黎庶昌《れいしょしょう》駐日公使からの電報で軍乱の発生と日本の軍艦派遣を知った。このときに朝鮮政府は、壬午軍乱鎮定のために清に派兵を求めた。李鴻章は母の喪に服していたので、北洋大臣代理の張樹声《ちょうじゅせい》が馬建忠と軍艦三隻を派遣した。つづいて馬建忠から事件の首謀者の大院君を捕らえて軍乱を鎮圧すべきであるとの意見が届くと、呉長慶《ごちょうけい》の率いる淮《わい》軍を派遣した。

清が事件後ただちに陸海軍を派遣するという機敏な対応をとったことは日本政府には予想外で、大きな衝撃を受けた。さらに黎公使が朝鮮は属国であり今回の事件に関して清は朝鮮を査問して事件の処理にあたると通告すると、日本政府は清が属国論を主張して日朝の交渉に介入する場合、日清間の直接対決は避けられないと考え一時は対清開戦を決意する。実際、交渉決裂に備えて山県有朋は福岡で混成旅団を編成するほどであった。しかし、やがて清が日本との対決を考えていないことがわかると、日本政府は清への対決姿勢を変え、柔軟な交渉路線に転換した。

花房公使は八月一〇日下関を発ち一二日に仁川に到着、八月一六日に軍を引き連れて入京し、二〇日に国王や大院君と会見、日本側の要求を示して三日以内の回答を要求した。

一方、清側は八月二〇日、呉長慶軍が仁川に到着し漢城へ向かった。馬建忠は花房と会見し、清は日本と開戦の意図はないことを強調し、軍乱の平定と国王による執政に戻すことが目的であると述べ、さらに二六日には一連の事件の実質的責任者と見なした大院君を拘束し、天津に連行した。

そのうえで馬建忠は朝鮮政府に対して、日本側の要求を呑む形で花房公使と交渉するよう指示し、次いで呉長慶の配下の袁世凱《えんせいがい》と協議して軍乱を平定した。清の介入で再び大院君から高宗に権限が戻され、閔氏政権が復活し、死んだはずの閔妃も王宮に帰った。

壬午軍乱鎮定後、八月二八日には日朝交渉が再開され、三〇日には済物浦《チェムルポ》条約と日朝修好条規続約が結ばれた。

済物浦条約では軍乱首謀者の処刑、日本人被害者の葬儀挙行、日本人被害者遺族と負傷者への補償金五万円支払い、賠償金五〇万円支払い、公使館保護のための日本軍の漢城駐屯、謝罪使の日本派遣を決め、また日朝修好条規続約では開港場（釜山《プサン》・元山《ウォンサン》・仁川）の遊歩区域拡大、漢城南方の揚花鎮《ヤンファヂン》の開市、日本外交官の内地旅行権を朝鮮に認めさせた。

日本側もある程度の権益を拡大したが、大兵を送って鮮やかに兵乱を鎮圧した清は朝鮮に対する宗主権を強化した。呉長慶の率いる三〇〇〇名の淮軍は壬午軍乱後も朝鮮にとどまり、袁世凱の指揮の下で朝鮮軍が改編された。貿易面では、中国朝鮮商民水陸貿易章程を締結し、両国は従来の朝貢貿易と国境貿易に加えて、開港場での貿易を行うことになった。

ここで重要なことは、同章程の前文に朝鮮が清の「属邦」であると明記されたことである。また両国は互いに開港場に商務委員を派遣したが、朝鮮駐在の清の商務委員にのみ領事裁判権が認められるという片務的なもので、事実上の西欧的な不平等条約であった。清は朝鮮に対して宗主権を強めると同時に、不平等条約を押しつけたのである。

さらに朝鮮側の要請に応えて、李鴻章の推薦する外交顧問としてドイツ人パウル・ゲオルク・フォン・メルレンドルフと馬建忠の兄の馬建常《ばけんじょう》が派遣された。大院君の廃止した統理機務衙門に代えて、外交を管掌する統理衙門（のちに統理交渉通商事務衙門と改称）と内政を管掌する統理内務衙門（同じく統理軍国事務衙門）を設け、ここに開化派の人物が起用された。

甲申政変――急進開化派のクーデタ失敗

朝鮮では西欧や清・日との関係が深まるなかで、西欧文明を取り入れて国内を改革しようという開化派の知識人が現れた。金玉均《キムオッキュン》、朴泳孝《パクヨンヒョ》、洪英植《ホンヨンシク》、徐光範《ソグァンボム》、金允植らは、漢城の名門官僚の子弟で、一八八〇年代に閔氏政権が開国・開化政策をとると、彼らは政府の実務を担当し、外交使節として日本やアメリカに派遣された者もあった。壬午軍乱以降、清国の宗主権が強化されると、これに反対して清の影響力を排除しようとする金玉均、朴泳孝らの急進開化派と、清との宗属関係を維持しながら漸進的に改革を進めようとして甲申政変に参加しなかった金弘集《キムホンジプ》、金允植、魚允中《オユンチュン》らの穏健開化派に分かれていった。

清はベトナムをめぐって一八八三年からフランスと戦闘状態になり、八四年四月には朝鮮に駐屯した淮軍の半数が清仏戦争に備えて引き上げ、八月末に清国はフランスに宣戦した。朝鮮では、壬午軍乱の際に清に連行された大院君が帰国するという噂が広まり、このような情勢に動揺した朝鮮国王高宗は日本に接近する。この時期、日本にはフランスから清に対抗するための同盟締結の誘いかけがあった。だが、日本はこれに応じず中立方針をとりつづけた。

しかし、清仏戦争が進行すると、日本の外務当局の対朝鮮外交は微妙に変化し、朝鮮に対する清の影響力排除を意図する。竹添進一郎《たけぞえしんいちろう》公使は一八八四年一〇月三〇日に漢城に帰任すると、一転して対朝鮮積極政策を行った。親日的な急進開化派に接近するとともに、対清戦争を公言するなど朝鮮政府内の親清派を威嚇した。

金玉均、朴泳孝らの急進開化派は同年一二月四日、郵征局（中央郵便局）の開局記念祝賀会を機としてクーデタを起こし、出席していた閔氏の最有力者である閔泳翊《ミンヨンイク》を襲い、国王を昌徳宮から景佑宮《キョンウグン》に移し、竹添公使に日本公使館警備兵の出兵を求めた。そして急進開化派は急を聞いて景佑宮にやって来た閔氏政権の有力者を殺害し、翌五日には国王高宗を擁して新政権を樹立、六日に政治綱領を公布した。

これに対して袁世凱は朝鮮政府に清軍の出兵を要請させて反撃に転じ、新政府を攻撃し、日本軍を破った。金玉均は国王を開港場の仁川に移して日本軍の来援を待つことを主張したが、竹添はこれに応じず、漢城を脱出して仁川に逃れ急進開化派のクーデタは失敗した。これは甲申政変（甲申事変）と呼ばれる。金玉均と朴泳孝は日本へ亡命し、漢城に残った洪英植らは殺害され、朝鮮国内では親日的な急進開化派の勢力が消滅した。このとき、日本軍人と日本人居留民は三〇余名が殺害され、公使館も焼失した。

甲申政変の発生と失敗を知った日本政府はことの重大さから、井上馨外務卿を特派全権大使として派遣した。井上は竹添公使が暴走して朝鮮の内政に干渉したことを隠蔽して、日本側が政変の被害者であったことを朝鮮に認めさせ、謝罪と賠償を要求した。一八八五年一月、日本公使館が焼失し、日本人が殺害されたことを、朝鮮政府が謝罪し賠償することを内容とする漢城条約が日朝間で結ばれた。

長州派・薩派の対立

甲申政変は清との武力衝突を招いたため、日本と清の間の交渉が必要であった。クーデタの敗北により、朝鮮では親日派勢力が壊滅し、清軍が漢城を制圧していた。

事件への対処と日清両国関係の再構築について、日本政府内ではこれ以前から存在していた、朝鮮問題に対する二つの対外路線が対立した。

一つは、対朝鮮・対清開戦は極力避け平和解決を図りながら、清の朝鮮実質支配を阻止して、甲申政変以前の状態に復帰させようとするものであった。これは、従来から対外政策を主導してきた井上外務卿や伊藤博文宮内卿ら長州派の主張である。

もう一つは、対清開戦を恐れず強硬方針を取るべきとするものであった。その主唱者は薩派で、主戦論の中心は高島鞆之助《たかしまとものすけ》・樺山資紀《かばやますけのり》・仁礼景範《にれかげのり》・野津道貫《のづみちつら》ら陸海軍内の薩派である。

彼らは、甲申政変の根本原因は朝鮮の政争ではなく日清の対立である、台湾出兵以来、清の対日感情は悪化し早晩開戦は避けられない、そして軍事力は時とともに清側に有利になる、ゆえにいまが開戦のチャンスであり、交渉は無意味であるとの主張だった。

しかし彼らは次官クラスかそれ以下の中堅層で、政策決定に参画できない立場であった。また、高島らほど極端ではないが薩派長老の西郷従道《さいごうつぐみち》・川村純義《かわむらすみよし》らは主戦論であった。一方で薩派の領袖である黒田清隆《くろだきよたか》の立場は曖昧であり、緊縮財政を進めていた松方正義《まつかたまさよし》大蔵卿は主戦論に反対していた。このように甲申政変への対応についても薩派はまとまりに乏しく、政治力では長州派に後れを取っていた。

しかし、竹添公使の稚拙な内政干渉の結果として生じた甲申政変とその失敗は、朝鮮政策を担ってきた井上・伊藤らの長州派の大失策であり、薩派の発言力が高まっていた。さらに対朝鮮・対清強硬論が支配的な世論と対清開戦熱を煽《あお》った民間の好戦的ジャーナリズムは、薩派・主戦論者の背中を押した。

その結果、清との交渉に臨むために決められた政府の対清要求項目は、朝鮮からの日清両軍の撤退など、清の拒否が予想される強硬なものとなり、さらに清が日清両国軍の撤退を拒否したときは、戦争を行うことが決まる。

甲申政変の結果、清の軍隊が勝って日本の勢力が駆逐されている状態で、負けた側の日本が日清両国軍の同時撤退を主張するのは無理があり、交渉決裂の可能性は高かった。薩派が対清交渉を開戦への道筋と位置づけているなかで、井上外務卿と対清交渉を担った藩閥政府トップの伊藤博文は厳しい立場に立たされる。

天津条約と日清英の協調体制

三月一四日、特使として天津に到着した伊藤博文は厳しい交渉を予想していたが、平和解決を望むイギリスが事前に清を説得したこともあり、李鴻章との交渉で両国の撤兵への合意が実現する。宗属関係に関わる朝鮮への再派兵問題については対立が続いたが、最終的には両国がたがいに朝鮮への再派兵権を認め合い、軍隊を撤兵させることで妥協が成立、一八八五年四月、これらの内容を記した天津条約が成立した。戦争は回避され、日本国内では長州派の政局主導が維持された。

他方で、天津条約成立と同じ頃、朝鮮南部の巨文島《コムンド》をイギリスが占拠する事件が発生した。日本政府部内では、世界規模の英露対立（グレートゲーム）が極東に波及し、イギリスの巨文島占拠に対抗してロシアが朝鮮に南下するのではないかとの不安が高まった。その結果、日本政府の朝鮮政策の第一目標が、清勢力の拡大阻止から、ロシアの朝鮮への侵出阻止へと転換する。そうなるとロシアとの対抗上、清と提携する必要が生じ、日本は清が宗主国であることは認めないものの、ある程度の範囲内では清の朝鮮への影響力強化を黙認するようになった。

巨文島占領の直後の一八八五年六月に、井上外務卿が清国側に提起した「弁法八ヵ条」は、日清が協議したうえで、清の主導のもとに朝鮮政府の改革を行い、ロシア勢力の浸透を阻止することをめざすものであった。この提案は清の同意を得ることができなかったが、朝鮮での清の優位という現実を前提として清と協調した朝鮮政策を提示したもので、日本側の政策転換を象徴するものであった。

以上のように、壬午軍乱（一八八二年）と甲申政変（八四年）の時期に、日清間には朝鮮で武力衝突を含む厳しい対立が生じたが、八五年四月の天津条約成立と巨文島事件以後、ロシアとの対抗上、日本政府は清と協調する方針を提起し、イギリスも支持した。これは朝鮮における影響力を維持するとともに、対日戦を回避することを対朝鮮政策の方針としていた清の外交担当者李鴻章にとっても歓迎すべきことであった。この結果、一八八五年に成立したイギリスを加えた日清の朝鮮における協調体制は日清戦争開戦まで約一〇年にわたって続くことになる。

極東ロシア――イメージと実像

井上外務卿はロシア脅威論を強調することによって、朝鮮問題に対する日清英の協調体制の構築を提起したが、ロシアの脅威は本当に存在したのだろうか。この問題について考える場合、ロシア側の意図と能力の両面から考える必要があるが、結論的に言えば一八八五年段階でロシアが朝鮮を獲得する意図と能力を持っていたとは考えにくい。

一八八八年五月八日、ロシア皇帝の命令を受け、プリアムール総督（バイカル湖以東の極東ロシア領全体を管轄する役職）の侍従武官長コルフ男爵とロシア外務省アジア局長ジノヴィエフの朝鮮問題に関する特別会議が行われた。その結論は「朝鮮の獲得は我々に如何《いか》なる利益も約束せぬばかりか、必ずや極めて不利な結果をもたらすであろう」という判断であった。その判断の根拠として、①朝鮮獲得による経済的利益は、将来はともかく、現段階ではわずかである。②朝鮮を獲得すれば重要な戦略的基地となる可能性はあるものの、その防衛はプリアムール軍管区の限られた軍事能力では重荷でありすぎる。③朝鮮獲得は日本・清・イギリスとの関係を損なう。この三つの理由があげられている。そのうえで、ロシア側のとるべき対応として、甲申政変の失敗で朝鮮への介入を控えている日本政府と協調し、朝鮮の現状維持を図ることに努めるべきだと結論づけていた。

この一八八八年の特別会議は、朝鮮問題に関するロシア政府の国家意思を確定したものである。ロシア政府の意図は、朝鮮の現状維持を第一の優先課題とし、その課題を日本をはじめとする関係諸国との協調を基礎として実現しようとするものであった。一八八八年の資料を分析することで一八八五年のロシア政府の意図を推定することには一抹の不安があるが、この他の関連資料を見ても、やはり八五年段階の井上外務卿を筆頭とする日本政府内のロシア脅威論は根拠薄弱で、日本側の思い過ごしであった。

さらにこの時期のロシアが対日協調政策を一貫して選択していた理由には、「地政学」的な根拠がある。

一九世紀に入るとロシアは千島列島・サハリン島・アムール川河口に進出を図り、一八五八年の愛琿《あいぐん》条約と一八六〇年の英仏連合軍の北京占領を奇貨として結んだ北京条約によって、アムール川以北と沿海州を手に入れた。一八六〇年に沿海州にウラジオストクを建設し、七一年には極東経営の中心がアムール川河口のニコラエフスクからウラジオストクに移転する。

一八五四年、クリミア戦争のなかで、ニコライ・ニコラエヴィチ・ムラヴィヨフ東シベリア総督がアムール川を河口まで航行し、ロシアの極東植民が始まった。同じ頃、エフィミイ・ワシリエヴィチ・プチャーチン提督は江戸幕府と交渉して、一八五五年、日露和親条約を結んだ。ヨーロッパ・ロシアから極東への移民の移動手段は、一八五四年から四半世紀の間は、シベリア街道を陸路で東進し、アムール川を船や筏《いかだ》で下るのがメインルートであった。しかし、一八七〇年代末から日露戦争の始まるまでの次の四半世紀は、移民は南海航路、すなわち黒海のオデッサ港からスエズ運河、アデン、シンガポール、香港、長崎経由でウラジオストクというルートで極東に達した。そして、南海航路は移民だけでなく、ヨーロッパ・

ロシアと極東ロシアをつなぐメインルートとなった。

こうしたなかで日本、なかでも函館と長崎は、ロシアの極東経営に不可欠な存在となった。特に長崎はロシア船の寄港地かつ補給地であるとともに、長崎を経由して食料・日用品・日本産石炭がウラジオストクや旅順《りょじゅん》（一八九八年以降）に供給されたからである。長崎からは物資だけでなく、多数のからゆきさん（九州、特に島原・天草地方出身の売春婦）がウラジオストクとシベリアに向かった。冬期の四ヵ月間は長崎湾奥の稲佐沖が、ウラジオストクを母港とするロシア太平洋小艦隊の停泊地となり、稲佐は水兵のための遊郭が存在し、ロシア将校の日本人妻が居住する、「ロシア村」の様相を呈した。

ロシアとの関係が深まるとともにロシア系住民の数が増え、一九〇〇年頃の調査では長崎在住の外国人のなかで、ロシア系住民（多数のユダヤ人を含んでいた）は中国人に次ぐ数を誇っている。このようにロシアの極東経営は日本抜きでは成立せず、その結果としてロシアの政策は対日協調を基軸としていた。

II 日本と清の軍備拡張

清の軍備近代化――淮軍の膨張

日本と中国では、ともに一八七〇年代から近代軍の建設が始まり、一八八〇年代に本格化した。以下両国の近代軍建設の過程と特色を、一歩先行して近代軍建設に着手した清、日本の順で見ていく。

清の正規軍は八旗《はっき》と緑営《りょくえい》であった。八旗は清の太祖ヌルハチが定めた軍事・社会組織で、全軍を旗の色で八軍に分け（黄・白・紅・藍の四色と四色旗に縁取りをした旗で合計八旗）、すべての満州人成年男子は八旗に所属し、各軍には七五〇〇名が配属された。さらに、太宗ホンタイジの時代に、蒙古八旗・漢軍八旗が組織された。清が中国本土に侵入すると、八旗は膨張したが、それでも兵力が不足し、投降した旧明《みん》軍を改組して緑営とし、緑営が清の正規軍の中心となった。

しかし、これらの正規軍は次第に有名無実化し、一八世紀末から一九世紀中期に発生して清朝を揺るがした大規模な反乱（白蓮《びゃくれん》教徒の反乱、太平天国、捻軍《ねんぐん》〈太平天国と同じ頃に華北で発生した反乱〉）を鎮圧できなかった。そこで、清政府は各地方の有力者に命じて臨時に軍隊を徴募させて反乱に対抗させたが、これが郷勇《きょうゆう》である。一八五〇年から六四年まで続いた太平天国の反乱の際には、官僚学者曽国藩《そうこくはん》が故郷の湖南《こなん》省で組織した湘勇《しょうゆう》（湘軍）が活躍し、つづいて左宗棠《さそうとう》と李鴻章が、それぞれ楚軍《そぐん》と淮軍を組織したことが知られている。これらの郷勇のなかには、西欧の武器や組織・訓練を取り入れて、近代軍の形成につながる場合があった。

なかでも曽国藩に命じられて李鴻章が組織した淮軍はその代表である。安徽《あんき》省合肥《ごうひ》出身の李鴻章は、忠王李秀成《りしゅうせい》の率いる太平天国軍に包囲された上海の救援に向かうため、一八六二年に合肥周辺の団練（地方有力者が組織した民兵）の指揮者である、潘鼎新《はんていしん》、呉長慶、劉《りゅう》銘伝《めいでん》、周盛伝《しゅうせいでん》らを配下にして淮軍を組織したが、彼らのなかには太平天国軍と関係のあった者も含まれていた。淮軍の規模は当初は李鴻章が募集した二五〇〇名と湘軍からの分遣隊三〇〇〇名、合計五五〇〇名であった。結成直後、上海に移駐すると、豊富な財源と最新型兵器を獲得して近代化するとともに規模を拡大して、太平天国平定に功績を挙げ、その後は捻軍の鎮圧にあたった。

一八七〇年の天津教案（天津におけるキリスト教徒排斥問題）のあと、李鴻章は師の曽国藩に代わって直隷《ちょくれい》総督・北洋大臣に就任した。それとともに淮軍の主力は天津へ移動した。李鴻章は小銃・弾薬を生産する工場を支配地域の上海・南京・天津に建設するとともに、ドイツから新型兵器を購入、訓練もドイツ軍人ハネケンらの軍事教官によって行われ、さらに陸軍士官養成のための天津武備学堂を一八八五年に設けた。

一八八〇年頃には李鴻章の持つ淮軍の規模は十数万人にまで拡大し、清で最大の軍事勢力となり、壬午軍乱以後は一時朝鮮に呉長慶軍が駐屯した。淮軍の事例のように、中国では地方の郷勇組織が近代的軍隊へ転換しはじめ、それを中央政府が認知した。この点が、中央政府が主導して徴兵制軍隊を作った日本と大きく違う点である。

北洋海軍の近代化

海軍は、陸軍に先立って整備が始まった。一八六〇年代に福建《ふっけん》海軍が作られ、日本の台湾出兵と琉球処分を機に一八七〇年代に海防問題が重視されると、七五年に北洋海軍と南洋海軍の建設が始まった。清仏戦争で福建海軍・南洋海軍がフランス艦隊に攻撃されて大打撃を受け、各海軍の指揮系統の不統一が敗因のひとつとされると、一八八五年、北京に各海軍を統括するため海軍衙門が設けられたが、各海軍の統合はできなかった。

北洋海軍は北洋大臣李鴻章の責任で建設された清最大の海軍である。司令官は李鴻章配下の丁汝昌《ていじょしょう》提督で、彼は太平天国軍に属していたが、投降して湘軍、ついで淮軍の軍人となり、北洋海軍創設時に海軍軍人に転身していた。

北洋海軍の主力艦は一八八一年ドイツに発注された定遠《ていえん》・鎮遠《ちんえん》で、七〇〇〇トン級の装甲艦に口径三〇センチの主砲と一五センチの副砲を搭載した東洋一の堅艦であった。ドイツから回航された両艦が一八八五年に就航すると、翌年に北洋艦隊は朝鮮、ロシアのウラジオストク、日本の長崎を歴訪して威を示し、長崎では上陸した水兵と日本の警察の間で乱闘事件が発生している（長崎清国水兵事件）。

この他の主要艦として、ドイツで建造された済遠《さいえん》（二三〇〇トン）と経遠《けいえん》・来遠《らいえん》（二九〇〇トン）、イギリスで建造された致遠《ちえん》・靖遠《せいえん》（二三〇〇トン）などの装甲砲艦と巡洋艦を有し、いずれも口径二一センチと一五センチの優秀なクルップ砲を搭載していた。一八九一年に、定遠・鎮遠とこれらの巡洋艦が揃うと、丁汝昌提督率いる北洋艦隊は再び長崎を訪問して示威した。

壬午軍乱以後の日本の軍備近代化

日本では一八七三年の徴兵令公布とともに徴兵制による近代軍が誕生する。国内治安維持を主な目的として発足したが、一八八〇年代の軍拡によって、日清戦争直前には対外戦争に対応できる軍隊に成長していた。

一八七七年の西南戦争が終わって以後、松方正義大蔵卿の行った緊縮財政（松方財政）の下で日本の陸海軍は小規模なままで、日本の軍事力は壬午軍乱の発生した一八八二年段階では、軍事力の近代化を先行させていた清に比べると弱体だった。

壬午軍乱の際、陸軍の常備兵数は一万八六〇〇余に過ぎず、予備役兵二万七六〇〇余を合計しても四万五〇〇〇名ほどであった。兵力不足を補うため、西南戦争と同じように警視庁巡査の動員が検討されたが、淮軍だけでも一〇万を超える兵力を有する清と戦うのは困難だった。海軍は二四隻、二万七〇〇〇トンで、小型艦と旧式艦を含み戦力は低かった。

このとき、対清開戦を主張する強硬派が存在したことはすでに述べたが、冷静に考えるとこの兵力で正攻法で清と戦って勝てると考えた軍人は当時も少なかった。

壬午軍乱は、清との軍事力の格差を実感させられ、日本政府に軍拡を選択させることになる。一八八二年八月一五日に山県有朋参議（参謀本部長兼務）は「陸海軍拡張に関する財政上申」を閣議に提出し、隣国清に備えるために海軍は軍艦四八隻を整備し、陸軍は常備兵の定員四万名を充足することが必要であり、このための財政処置を断行すべきことを主張した。陸軍の代表者である山県が海軍軍拡を第一の課題としてあげた理由は、当時の政府首脳の間で壬午軍乱の際の海軍力劣勢を挽回するための海軍軍拡の必要性が共通の認識になっていたからであろう。

閣議で軍拡の方針が決まると、大山巌《おおやまいわお》陸軍卿と川村純義海軍卿は一八八三年度から九〇年度にいたる八年間の軍備拡張計画を三条実美《さんじょうさねとみ》太政大臣に提出し、これをうけて松方正義大蔵卿は一二月二六日付で増税による軍備拡張費の案を太政大臣に上申した。

これは酒造税・煙草税などの増税による年間七五〇万円の増収によって、軍艦製造費毎年三〇〇万円、陸軍兵員増加費毎年一五〇万円、その他軍艦維持費・砲台建設費を支出しようというものであり、閣議の承認を得た。この後も陸軍はさらに軍備拡張費の増額を要求し、一八八三年の一月と六月の二回にわたり増額を勝ち取り、陸軍軍備拡張費は八四年度二〇〇万円、八五年度以降は毎年四〇〇万円となった。これと同時に海軍も軍艦製造費の大幅な増額や軍艦製造期間の短縮を要求した。

しかしこの軍拡計画は財政上、無理な話であった。陸軍と海軍が競い合って予算獲得に励んだため、租税収入が想定通りでも困難が予想されていたが、松方デフレが深刻化して租税収入、特に酒造税と煙草税の税収が落ち込むと、一八八六年度の予算編成は難航した。

松方大蔵卿は財政危機を乗り切るため、井上馨や伊藤博文と緊縮財政方針を堅持するという点で共同歩調をとった。また彼らは機能不全を起こしていた太政官制から内閣制への移行（一八八五年一二月）をめざすとともに、外交政策で対清協調政策を打ち出し、軍拡計画の縮小と再編成による経費削減をめざした。

優先された海軍の軍備拡張

一八八三年から始まった軍備拡張計画は、海軍力で優位に立つ清に対抗するため海軍が優先された。しかし海軍内部で、どのような軍艦を整備すべきかで議論が紛糾した。清艦隊に対して、日本近海での防御作戦をとるのか、攻勢作戦をとるのかの対立であった。

日清戦争時の極東地域列国海軍力の比較

	開　戦　時		増遣艦隊との合計		備　考
	軍艦数	総トン数	軍艦数	総トン数	
清　国	82 (25)	85,000	—	—	ただし，日清戦争参加は，22（12）隻，40,000トン
日　本	28 (24)	59,10	—	—	
イギリス	18	41,752	28	86,632	
フランス	5	10,064	13	30,961	このほか，ベトナムに12隻，4,000トン
ロシア	10 (10)	24,174	21 (12〜14)	71,863	
アメリカ	4	8,560	6	14,303	
ドイツ	2	978	9	20,504	
イタリア	2	2,080	5	10,326	

註：軍艦数の項（　）内は，水雷艇の数
出所：清国と日本は，『明治二十七八年日清戦史』第1巻59頁と67頁．イギリス以下は，『秘密日清朝事件諸状報綴』（防衛研修所戦史部蔵，レファレンスコードC06060155100）の「東洋派遣諸国艦船一覧表」を基に筆者が修正を加えた上で作成

海軍の艦船整備を担当していた赤松則良《あかまつのりよし》海軍主船局長（幕臣、海軍伝習所出身、咸臨《かんりん》丸で渡米、榎本《えのもと》武揚《たけあき》・西周《にしあまね》らとオランダ留学）は、一八八四年五月に新たな造艦計画案として予算範囲内で防御作戦を行う艦隊の整備を提案していたのに対して、仁礼景範海軍軍事部長（薩摩出身）は赤松案を「退守を専ら」とする策として批判し、「彼《か》の来寇《らいこう》を待たず進んで彼海岸を衝《つ》き其海軍を挫折」するため、定遠・鎮遠に勝る一万トン級戦艦二隻を主力とする艦隊を二艦隊編成すべきだとの攻勢案を主張していた。もちろん攻勢案は、既定の

予算規模を無視した考えであった。

一八八四年一二月の甲申政変に直面すると、海軍内の薩派は対清開戦論を主張し、その中心が樺山資紀海軍大輔と仁礼軍事部長であった。対清開戦論に興奮した彼らは前年の仁礼案に倍増する一万トン級戦艦八隻を主力とする四艦隊整備計画を提案し、その予算額は七五〇〇万円に達していた。

これは当時の一年間の国家財政の総額を超える額で、前年より一層非現実的なプランであった。川村海軍卿は海軍部内を調整することができず、海軍の軍拡計画は事実上破綻していた。

結局、一八八六年から、フランスの海軍技術者ルイ－エミール・ベルタンが海軍の造艦顧問として招聘された。彼は建造費用のかかる大型戦艦を整備するよりも、水雷艇・巡洋艦・装甲海防艦など安価な艦艇を整備して、日本に侵攻を図る敵艦隊に対抗するほうが現実的であると主張した。

彼の意見によって、海軍は四〇〇〇トン級の海防艦に三二センチ砲一門を装備、これを三隻建造（三景艦〈厳島《いつくしま》・松島《まつしま》・橋立《はしだて》〉）してワンセットとし、定遠・鎮遠の三〇センチ砲に対抗するとともに、そのうち一隻を横須賀造船所で建造して世界の造艦技術にキャッチアップを図ろうとした。ベルタンはまた三景艦に加えて、巡洋艦と多数の水雷艇を整備し、呉と佐世保の海軍工廠《こうしょう》の建設も指導した。すなわち一八八六年からベルタンが帰国する九〇年までの海軍軍備拡張は、水雷（魚雷）による防衛を重視するフランス海軍思想を取り入れた経済的な防御的海軍の建設であったと言える。

ベルタンが帰国した一八九〇年以降、海軍側は一万トンを超える戦艦や五〇〇〇トン級の一等巡洋艦を配備して、ベルタンの指導で建設した防御的海軍の上に攻勢的な要素を付け加えようとした。しかし民党優位の衆議院ではたびたび、海軍の希望する建艦費が削減されたので、海軍拡張はなかなか進まなかった。

もう一つの問題は、三景艦の一つである橋立を横須賀造船所で建造した経験によって、技術水準の低さと労働者の熟練不足から四〇〇〇トンを超える大型艦船建造は日本では不可能であることが明らかになったことである。そのため戦艦富士・八島（一万二〇〇〇トン、三〇センチ砲四門装備、一八九三年発注、日清戦後の一八九七年就役）は英国に発注せざるを得ず、これ以後、海軍軍備拡大がすなわち正貨流出につながる経済構造が生じた。

陸軍、七個師団体制へ

一八八三年から陸軍は、陸軍拡張費を使用して、六つの鎮台を六個師団に改組し、近衛兵を改組した近衛師団を加えて七個師団の野戦軍（戦時兵力約二〇万）を運用できる体制に拡張する計画に着手した。

陸軍軍備拡張計画では、一個師団は歩兵四個連隊（歩兵二個旅団）を基幹として、これに野砲兵連隊・騎兵大隊・工兵大隊・弾薬大隊・輜重《しちょう》兵大隊などを加えた編制であった。このためには六鎮台の歩兵連隊を一四個連隊から二四個連隊に増やすとともに、弱体だった歩兵連隊以外の諸部隊を大幅に増強または新設する必要があった。

一八八八年に、計画通り平時から六個師団を設置したが、師団発足時には各師団に欠けている部隊があり、また近衛兵の師団への改組は一八九二年にずれ込んだ。一八九三年には全師団の編成がほぼ完結し、正面装備は概ね完成の域に達した。だが、兵站《へいたん》部門には問題が残り、後日の日清開戦の際にトラブルが多発する一因となった。

師団には平時編制と戦時編制があり、戦時には予備役・後備役（徴兵されて現役兵を経験し、除隊した社会人）のなかから動員（充員召集・後備軍召集などの区別があった）を行って、平時編制から戦時編制に移る。

陸軍は一八九三年に戦時編制を改正し、翌九四年度動員計画から新編制を適用した。新編制によると、一個師団の平時定員は将兵九一九九名と馬一一七二頭、戦時定員は将兵一万八五〇〇名と馬五五〇〇頭である。戦時編制になると、将兵の数は約二倍、馬は約五倍に増加する計算である。実際には戦時編制の師団または軍（複数の師団からなる）には別に兵站部が付置されるので、戦時の兵員と馬の数はさらに増える。

師団が設置された一八八八年には、師団司令部条例・旅団司令部条例および大隊区司令部条例が制定された。大隊区司令部は、市町村役場の兵事係および警察署と協力して徴兵と召集を行う機関で、地味ではあるが師団制確立、つまり動員・召集制度の確立には不可欠な機関であった。大隊区司令部は日清戦争後に連隊区司令部に改組される。

師団への転換および兵力の増強とならんで、軍制改革・軍隊組織の整備も必要であった。一八七八年には軍政を司る通常の官僚組織である陸軍省とは別に、作戦（統帥）を担当する天皇直属の参謀本部が設置され、翌年の陸軍職制改正によって軍政と統帥（軍令）の関係が明確化され、行政組織から統帥権が分離した。

統帥権とは軍隊を指揮監督する最高指揮権で、天皇ただ一人が統帥権を持ち、そして天皇が統帥権を発揮するのを補佐する機関が参謀本部である。設立当初の参謀本部は陸軍のみを管轄したが、一八八六年以降は陸軍・海軍の両方の軍令事項を扱い、参謀総長には皇族が勅任されることになり、明治天皇の信任が厚い有栖《ありす》川宮《がわのみや》熾仁《たるひと》親王が任命された。すなわち、参謀総長有栖川宮は帝国陸海軍の最高司令官として、天皇の統帥権を事実上代行する存在であった。

陸海軍連合大演習

一八八〇年代の海軍と陸軍の軍備拡張の成果を示したものが、一八九〇年三月二八日から四月五日の間、愛知県の知多半島付近で行われた最初で最後の陸海軍連合大演習である。

連合大演習は、二ヵ国連合の強大な艦隊によって制海権を握った西軍が、日本各地に上陸し最終的に東京攻略をめざすのに対して、東軍が防御軍として戦闘を行う想定である。すなわち、和歌山に上陸した西軍（二個師団）が大阪付近で東軍を撃破し、一隊は後退する東軍を追って名古屋付近に進撃する。また西軍のもう一隊が、和歌山から乗船して知多半島の半田付近に再上陸し、これを迎え撃つ東軍との戦いを繰り広げるというものである。

東軍（第三師団と近衛歩兵第一旅団、近衛砲兵連隊三中隊と騎兵第一大隊一中隊）と攻撃側の西軍（第四師団と近衛歩兵第四連隊、近衛騎兵第一中隊）の兵力は互角で、演習の講評では両軍の行動は概ね合格の評価が下されている。だが、その一方で、補給関係では演習のために民間から徴用した駄馬の素質不良（装蹄《そうてい》不備、訓練不良、虚弱など）が原因で各種の混乱が生じたこと、衛生面では召集された予備役兵が普段靴を履かないため、軍靴による靴擦れを起こして行動が制限されたことが指摘されていた。これらは実際の日清戦争でも起こることになる。

他方、海軍は、西軍に高千穂《たかちほ》・扶桑《ふそう》・浪速《なにわ》（三景艦就役前の日本海軍最強艦だが、三〇〇〇トン級の巡洋艦・海防艦に過ぎない）を主力とする常備艦隊を配し、兵員を輸送する運送船の護衛と、陸戦隊を上陸させて港湾の占領をめざすこととし、東軍には旧式・小型の練習艦隊と横須賀水雷艇隊が配属されて、優勢な敵海軍（西軍）に対する妨害行動を行うというものだった（『陸海軍聯合大演習記事』）。

このように、陸軍が上陸作戦と上陸部隊の撃退作戦の両面を視野に入れながら演習を行い、海軍は攻勢作戦と防御作戦の両面を意識した演習を行っていた。一八八〇年代の軍備拡張の結果、陸軍も海軍も初歩的ながら攻勢と防衛の両面の作戦を実行できる段階に入りつつあった。日清戦争開戦直前の軍備拡張と諸制度の整備の状態について、軍事史研究の専門家である斎藤聖二は、「用意周到」というにはあまりにお粗末であったが、政府に対清開戦を断念させない程度の段階には達していたと評している。

参謀本部の対清戦争構想の形成

それでは一八八〇年代に日本軍の近代化が進行するなか、作戦を担当する参謀本部で、どのような対清作戦が構想されていたのか確認しておこう。

参謀本部管西局長に就任した桂太郎は、一八七九年に華北一帯を視察し、帰国後に「闘清策案」を作成した。これは海軍が華南の福州《ふくしゅう》を攻撃するとともに、陸軍三個師団が華北の直隷省に上陸、北京を攻めるという短期決戦構想である。
より具体的な対清戦争構想として、一八八七年二月起草の小川又次《おがわまたじ》作成の「対清征討策案」がある。小川は川上操六《かわかみそうろく》参謀次長の腹心であり、作戦計画を担当する参謀本部第二局長に就任していた。この計画では、五ヵ年計画で日本海軍を清海軍に対抗できるよう整備した後、海軍の援護を受けて八個師団の遠征軍を派遣し、六個師団を山海関《さんかいかん》付近に上陸させて北京を攻略、残りの二個師団を長江沿岸に派遣して清軍の北上を阻止するというものである。桂の「闘清策案」を、参謀本部がこの時期力を入れていた清本土の兵站地誌調査の成果を反映させて具体化したものであると言えよう。これらは、一挙に大兵力で敵の本拠を攻略するという、日清戦争時の直隷決戦につながる構想であった。

しかし、前節で説明したように、一八八〇年代の日本政府内では清と協調を保ちながら朝鮮での権益を維持しようという長州派の井上・伊藤の路線が主流を占め、さらに壬午軍乱・甲申政変を経た一八八五年以降はイギリスを含めた日清英協調体制が成立していた。そのため、参謀本部で検討されていた攻撃的な対清策は、あくまでも参謀本部内部のプランにとどまり、国策決定に影響を与えるものではなかった。それではなぜ一八九四年夏に、朝鮮をめぐる日清の協調体制が崩壊して、日本政府が日清戦争を決意したのか、その理由を次章で明らかにしなければならない。

第2章　朝鮮への出兵から日清開戦へ

Ⅰ　甲午農民戦争と日清両国の出兵

第二次伊藤博文内閣の成立

一八九〇年一一月二五日に、日本で初となる第一帝国議会が召集され、一一月二九日に開院式を迎えた。初期議会では、藩閥政府（長州・薩摩出身者中心で構成された内閣。第一次山県有朋内閣とつづく第一次松方正義内閣）と自由党・立憲改進党の民党（反政府勢力）が対立し、政府提出の予算案は連続して衆議院で民党側に削減された。このような事態を打開するため、松方首相は一八九二年に第二議会を解散し、民党に対して大規模な選挙干渉を行ったものの衆議院での民党優位は揺るがなかった。結果的に松方内閣は辞職せざるを得ず、議会対策をめぐって藩閥勢力内に対立が発生した。

一八九二年八月、第二次伊藤博文内閣が成立した。この内閣は藩閥有力者である「元勲」を網羅した組閣をめざし、長州の山県有朋（司法相）・井上馨（内相）と薩摩の黒田清隆（逓信相）・大山巌（陸相）が入閣した。黒田と山県は首相経験者である。組閣時点で入閣しなかった「元勲」は、前首相の松方正義と西郷従道だけであったが、彼らも後に蔵相や海相として入閣した。

伊藤博文

「元勲総出」とも呼ばれた第二次伊藤内閣は、藩閥勢力内の対立を修復して民党に対峙し、それと同時に自由党に影響力のある陸奥宗光《むつむねみつ》を外相に、高知出身の旧民権派の後藤象二郎《ごとうしょうじろう》を農相に任じて、最有力の民党である自由党と妥協を図って議会運営を円滑に行おうとした。自由党の側でも、党首の板垣退助《いたがきたいすけ》や幹部の星亨《ほしとおる》は、伊藤内閣が歩み寄ってくるなら、政府と妥協・提携してもよいと考えていた。

第二次伊藤内閣の直面した最初の議会は、一八九二年一一月に開会した第四議会である。この議会に政府が提出した予算は、戦艦二隻の建造を含む海軍予算と積極的な産業振興や災害救助の政策を実現する積極型予算で、増税をともなう、民党に対して高圧的なものであった。民党の第二党であった立憲改進党はこれに反発し、政府との妥協を模索していた自由党も反政府の立場に移り、藩閥と民党の対立は危機的なものとなった。

伊藤首相は明治天皇と協議した。天皇は一八九三年二月一〇日に、六年間自らの内廷費から毎年三〇万円を節約して下付し、同時に官吏俸給の一割を国庫に納付して建艦費を補助するので、議会と内閣は「和協」の道を探るようにという趣旨の詔勅を出した。議会と政府は妥協を図り、予算を修正のうえで成立させた。

伊藤内閣の苦難――条約改正と対外硬派

天皇の詔勅によって第四議会を乗り切り政権が安定すると、伊藤内閣は欧米諸国との不平等条約改正に取り掛かった。一八九三年七月五日に陸奥外相は条約改正方針を閣議に提出し、一九日に伊藤と陸奥が天皇に会って、条約改正方針の裁可を受けた。交渉はイギリス、ドイツ、アメリカを優先するとしたが、ドイツ、アメリカは消極的であり、イギリスとのみ九月から予備交渉に入り、一一月には本交渉に入ることを決めた。

イギリスとの条約改正交渉が本格化したのと時を同じくして、一〇月一日、条約励行・自主外交・内地雑居尚早を主張する対外硬派の横断組織である大日本協会が組織された。それまで藩閥政府を支持していた吏党、国民協会所属の衆議院議員が参加し、最も積極的なメンバーとなった。

さらに国民協会は現行条約励行論を唱えて立憲改進党と連携し、伊藤内閣の支持から批判に転じた。現行条約励行論とは、著名なジャーナリスト徳富蘇峰《とくとみそほう》の雑誌『国民之友』が提唱したもので、国民的運動によって現行の条約を厳密に実行することで、在日外国人に不便を与え、完全な条約改正（治外法権撤廃と関税自主権回復）への糸口としようとする主張であった。これ以後、政費節減・民力休養（軍事費を含む行政費用を節約して地租軽減を行えという民党側の主張）という政府と民党の対立の軸に加えて、条約改正問題が新たな争点となる。

このような動きは伊藤内閣の条約改正交渉を危うくする。現行条約励行論を主張する対外硬派の動きは、列国の抗議を招き、条約改正を遅らせる可能性があったからだ。また国民協会の離反は、伊藤内閣の議会対策を根本から覆すものだった。

一八九三年一一月末に第五議会が始まると、対外硬派は現行条約励行建議案を衆議院に提出した。この建議案は、国民協会・立憲改進党の両党を含む対外硬派六派（硬六派）の支持を得て、衆議院の多数を獲得して可決される形勢となった。伊藤首相は天皇に対して衆議院の解散を奏請し、一二月三〇日、衆議院は解散された。

第三回総選挙は一八九四年三月一日に実施され、対外硬派勢力は議席を減らし、特に政府支持から野党に転じた国民協会は六六議席から二二議席に激減した。政府に妥協的な自由党は八〇議席から一一九議席に躍進した。だが自由党だけでは衆議院三〇〇議席の過半数に達せず、政府の議会対策は困難が予想された。さらに貴族院で近衛篤麿《このえあつまろ》公爵らを中心とした伊藤内閣批判勢力が形成されたことと、全国の新聞雑誌記者が連合して対外硬派の主張を支持し、反政府気運を煽ったことが政府を苦しめた。

第六特別議会が五月一二日召集されると、政府は利益誘導や買収で中立派議員を取り込み政府支持派を作ろうとしたが失敗した。その結果、対外硬派の推進した伊藤内閣不信任の内閣弾劾上奏案が五月三一日に可決される。これに対して、伊藤首相は天皇と会談して再び議会を解散する道を選び、六月二日に衆議院は解散された。

一年も経たずに二度も議会を解散することは事実上の憲法停止状態になる可能性さえあり、また政府は九月一日に予定される総選挙の結果に自信を持っていたわけでもなかった。だが条約改正問題をめぐって対外硬派の攻撃を受け、事態打開の方途を失い危機に陥った伊藤内閣は、日英間の条約改正交渉が妥結することを見込んで、再度の議会解散という強硬方針を採ったのである。

甲午農民戦争――東学の拡大と蜂起

他方で、朝鮮では開国後、一八八〇年代に日清の貿易競争によって、外国産綿布の輸入、金地金や米穀・大豆の輸出が急増し、それとともに民衆の貧窮化が進んだ。ところが財政危機に陥っていた朝鮮王朝は、貧窮化した民衆への対策を打つことができず、各地で民乱が発生した。

この頃の朝鮮で民衆に影響力を持った宗教は東学《とうがく》であった。東学は没落両班《ヤンバン》の崔済愚《チェジェウ》が一八六〇年に提唱した民衆宗教で、キリスト教を意味する西学に対して東学と称した。崔済愚が処刑された後、第二代教主崔時亨《チェシヒョン》のもとで、東学は朝鮮南部一帯に広がり、さらに拡大した。崔時亨は政府の弾圧を避けるため「守心正気」の内省主義を東学教徒に求めたが、一方で民衆の変革志向に期待する東学異端派も存在した。

一八九四年二月、全羅道《チョルラド》の穀倉地帯にある古阜《コブ》で、東学異端派の指導者全琫準《チョンボンジュン》が地方官吏の苛斂誅求《かれんちゅうきゅう》に蜂起した。この蜂起は一時収まったが、四月末に再蜂起、全羅道や忠清道《チュンチョンド》の東学異端派の参加により拡大し、総勢が六、七〇〇〇人となった。彼らは漢城に進撃して、武力で閔氏政権を打倒し、国王に自らの衷情と弊政改革の実現を訴えようとする。国王による仁政幻想を抱いていたためである。

朝鮮史研究者は、この東学農民の蜂起を甲午農民戦争（第一次農民戦争）と定義している。東学農民軍の武器は火縄銃（鳥銃）・刀槍という旧式兵器で、戦闘にも慣れていなかったが、政府が鎮圧のため派遣した官軍を五月一一日に古阜近くの黄土峴《ファントヒョン》で破り、つづいて東学農民反乱の鎮圧と招撫《しょうぶ》を命ぜられた両湖《ヤンホ》（全羅道と慶尚道《キョンサンド》）招討使洪啓勲《ホンゲフン》配下の新式装備の京軍を五月二七日に撃退し、全州《チョンジュ》に向かった。全州の守城軍は戦意がなく、約五〇〇〇人の農民軍は五月三一日に無血入城する。

洪啓勲は農民軍を追撃して、六月一日に一六〇〇名の政府軍を率い全州城外に到着、城内に砲撃を加えた。これに対して農民軍は政府軍陣地を二度にわたって攻撃したが、多数の犠牲者を出して撃退される。

この後、休戦交渉が開始され、農民軍は二七ヵ条の弊政改革請願を国王に上達することを条件に、六月一一日に和約に応じ、全州から撤退した。この全州和約が実現した理由は、農繁期が近づき農民軍の戦意が低下したことと、日清両軍の朝鮮派兵を知り、農民軍も政府軍も戦争の危機を察知したからである。

朝鮮政府の派兵要請

日本の外務省と陸海軍は、東学党の動向や全羅道での蜂起について情報を収集していた。東学農民軍が政府軍を破ったとの情報が伝わると、参謀本部は五月二〇日に伊地知幸介《いじちこうすけ》少佐を釜山に派遣して調査を行い、五月中旬以降には軍艦を朝鮮に派遣し、朝鮮在留日本人の保護を検討した。たまたま五月四日に大鳥圭介《おおとりけいすけ》朝鮮駐在公使が休暇の途についたので、大鳥不在中は杉村濬《すぎむらふかし》一等書記官が代理公使として情報収集と東京本省との連絡にあたる。ただし当時の日本と朝鮮の間の通信手段は電信と郵便で、情報伝達のタイムラグが生じていた。

杉村は機密信第六三号「全忠両道の民乱に付鄙見《ひけん》上申」（五月二二日付の書簡、東京の外務省に二八日到着）で、反乱軍が優勢で漢城に向け北上した場合、朝鮮政府の取ることのできる選択肢は、反乱軍の願いを受け入れて弊政改革を行うか、清軍の出兵を依頼して鎮圧するかの二策しかない。閔氏政権は後者の策を取る可能性が高い。日本も清に対抗して出兵するか否か検討するよう提案していた。

つづいて一週間後の五月二九日には、閔氏一族の実力者である兵曹判書《へいそうはんしょ》（軍部大臣）閔泳《ミンヨン》駿《ジュン》は清国よりの借兵を望んだが、閣僚の多数は反対であること、および全羅道の反乱は収束しつつある、との電報を送っている（電受第一六三号、三〇日到着）。

杉村からそれぞれ五月二八日と三〇日に、連続して二通の矛盾する内容の報告を受け取った陸奥外相は、三〇日付で、状況が変化して清が派兵すれば、日本も派兵する必要が生じる可能性があるので、情報を時々刻々送るよう杉村に指示する（電送第一三五号）。この電報の文面から、遅くとも三〇日の時点では、陸奥外相は清の出兵に対する対抗出兵の可能性を検討していたことが明らかである（外務省記録「東学党変乱の際日清両国韓国へ出兵雑件」）。また首相も含め伊藤内閣の他の閣僚も、五月末段階で出兵を考えはじめていたと思われる。

朝鮮政府は国王高宗と早くから、民乱を鎮圧するため、清に派兵を依頼することを議論していたが、日本の対抗出兵を懸念して結論を出せずにいた。しかし五月三一日の農民軍全州占領の報が、清への借兵依頼を決意させる。全州は朝鮮国王李氏の本貫、つまり全州李氏の発祥の地と信じられていたからである。

軍を司っていた閔泳駿は三一日に、「駐劄《ちゅうさつ》朝鮮総理交渉通商事宜《じぎ》」という肩書きで、李鴻章の代理として朝鮮に駐在していた袁世凱を訪ね、清の出兵を依頼し、その同意を得た。ただし朝鮮政府が出兵依頼の照会を発する正規の手続きをとったのは六月三日であった。

清と日本の出兵

日本側は清軍出兵の情報を袁世凱から得た。六月一日に日本公使館書記生鄭永邦《ていえいほう》が、三日には杉村代理公使が、それぞれ袁世凱を訪ね、時局を議論し、両国の出兵について話しあっていた。

鄭永邦は、鄭成功《ていせいこう》（明の遺臣、浄瑠璃「国性爺合戦《こくせんやかっせん》」の主人公）の子孫と称する長崎通事出身、父の鄭永寧《ていえいねい》、兄の鄭永昌《ていえいしょう》も外務省官僚という外交官一家であった。鄭永邦は中国語と英語が堪能であり、袁世凱とは中国語で議論したはずである。そして、袁世凱と鄭・杉村の二回の会談における日清双方の認識の差が、日清戦争開戦に影響を与えることになる。

袁世凱は鄭と会談した後、日本側には今回の朝鮮内乱を利用して積極策を採る意向はない、公使館・居留民の保護を目的とする日本側の出兵規模は歩兵一中隊を超えないと思われる、よって日清衝突の可能性は薄いと判断し、李鴻章に出兵依頼の電報を打った。李もこれを受け入れ、電報を北京の総理衙門に転送するとともに、配下の北洋陸海軍に出動準備を命じた。さらに袁世凱より朝鮮政府が公文で出兵と反乱鎮圧を依頼したとの報が六月四日に到着すると、李鴻章は葉志超《ようしちょう》・聶士成《じょうしせい》に北洋陸軍の精鋭七営を率いて朝鮮に渡ること、および北洋海軍提督丁汝昌に巡洋艦済遠・揚威を仁川に派遣して居留民保護と輸送船護衛にあたることを命じた。「営」は「勇・練」両軍の単位で、本来の定員は一営は五〇〇名、しかし実際は歩兵一営は三五〇名程度、騎兵一営は二五〇名程度である。

杉村は鄭が袁世凱から得た情報を、「全州が昨日反乱軍の手に落ちた。朝鮮政府は清の援軍を求めたと袁世凱が語った〔後略〕」という短い電文にして六月一日に発信した（電受第一六八号）。電文は翌二日には到着している。だが、目を通した外務省の公文（電文・書簡）に、こまめに花押（宗光の「光」の崩し字）または「閲」というサインを書き込む陸奥による文字が、日清開戦につながるこの日清韓三国の運命を変えた電報にはない。それは、外務省に到着した電報にサインする間もなく、六月二日の閣議に持ち込まれたからだと思われる。

山県有朋枢密院議長も参加した六月二日の閣議で、伊藤首相が前年末に続いて二度目となる異例の帝国議会の解散を決めた。そしてこのとき、朝鮮への出兵も決まったのである。陸

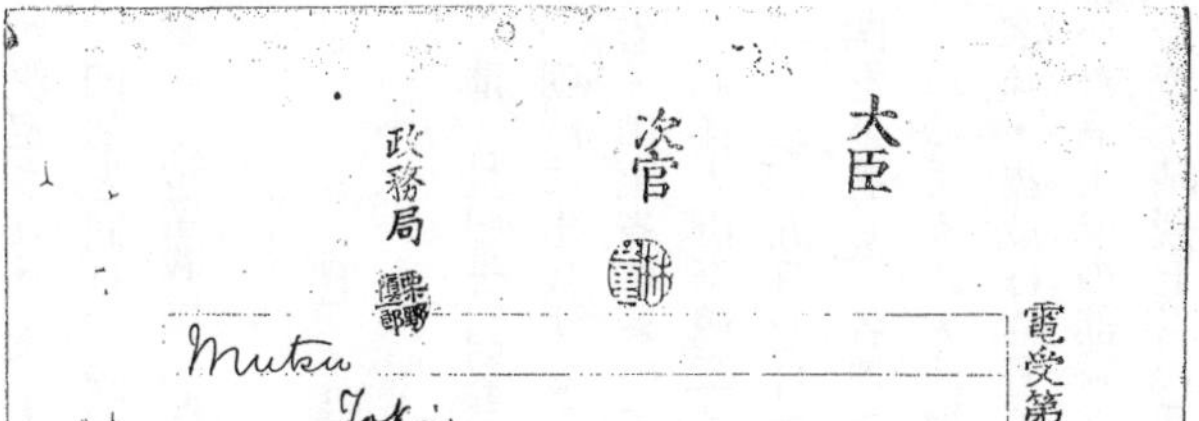
電受第一六八号
Tokio
全州 fell into hands of rebels yesterday. 袁世凱 said Corean Government asked Chinese reinforcement. See 機密第六十三号信 dated 五月廿二日.
Sugimura
June 1 1894

外務省記録「東学党変乱の際日清両国韓国へ出兵雑件」 1894年６月２日到着の杉村濬臨時代理公使より陸奥宗光外相宛電報．林董外務次官，栗野慎一郎政務局長，佐藤愛麿電信課長の印やサインはあるが，陸奥外相の欄は空白　明治大正５門２類２項１ B-5-2-2-0-1 レファレンスコード B07090593600

奥の著した外交記録『蹇《けん》蹇《けん》録《ろく》』には、閣議の最初に陸奥は杉村の電報を内閣員に示し、その後で陸奥の意見として、清が出兵した場合は日本も相当の軍隊を派遣して「朝鮮に対する権力の平均を維持」する必要があると述べると、「閣僚皆この議に賛同」したと記されている。つづいて参謀総長有栖川宮熾仁親王と参謀次長川上操六の臨席を求め、朝鮮への軍隊派遣を協議した、と記されている。このようにして、戦時定員で八〇〇〇名を超える混成一個旅団の派遣が決定された。

閣議と同日、陸海相と参謀総長・海軍軍令部長宛に下された勅語に示された、「同国〔朝鮮国〕寄留我国民保護」という出兵目的にしては、不釣り合いに過大な兵力であった。

II 開戦までの日清政府の迷走

清・日両軍の朝鮮到着

朝鮮に出兵する直前の一八九四年五月、清では光緒帝《こうちょ》の命を受け、盛京省《せいきょう》（遼寧《りょうねい》）・直隷省・山東省において、北洋軍を中心とする陸海軍合同の大演習が行われた。大演習を主宰した北洋大臣李鴻章は、一〇年を費やして建設した北洋陸海軍と中国北部諸港の防備を確認するため、五月七日に天津を発ち、小站《しょうたん》、旅順口《りょじゅんこう》、大連湾《だいれん》、威海衛《いかいえい》、膠州湾《こうしゅう》（青島《チンタオ》）、山海関を巡歴し、各地で軍隊と防衛施設の検閲を行い、二七日天津に帰還していた。

このように大演習の直後だったので、朝鮮出兵に対する北洋陸海軍の動員は素早かった。済遠・揚威は六月五日に仁川に入港し、警備艦平遠と合流した。北京郊外の盧台《ろだい》に駐屯していた聶士成の部隊は九日未明に忠清道牙山《アサン》に上陸し、山海関駐屯の葉志超の部隊も一二日に合流、精鋭七営の兵士が集まった。この後、さらに増援部隊が到着し、六月末段階で牙山・

公州《コンジュ》地区に駐屯する清軍は、二八〇〇名、砲八門となった。

日本側は六月二日の閣議での出兵決定を受けて、これ以前から準備していた出兵に関する具体的作業を進めた。翌三日、参謀本部では混成一個旅団編制表を作成するとともに、混成旅団を二次に分けて朝鮮に送る輸送計画策定と輸送船確保、さらに混成旅団を派兵した後の第五師団残部の動員などを検討した。

六月三日夜の新橋発の列車で、参謀本部の東条英教《とうじょうひでのり》少佐（東条英機《ひでき》の父、川上操六参謀次長の側近）が動員関係書類を持って、第五師団所在地の広島に向かった。四日には朝鮮政府による正式な派兵要請を清が了解したとの情報が入り、日本軍の出兵が確実になり、派遣された軍隊を指揮するため参謀本部内に大本営を置くことが決まった。五日には、帰国中の大鳥公使と本野一郎《もとのいちろう》参事官が、海軍陸戦隊と警察官をともない、軍艦八重山で仁川に向かった。

編制表などを持参した東条少佐が五日午後広島に到着すると、野津道貫第五師団長は大島義昌《おおしまよしまさ》第九旅団長に充員召集を命じた。混成旅団は歩兵第九旅団（広島を衛戍《えいじゅ》地とする歩兵第一一連隊と二一連隊が所属）を基幹に、これに騎兵一中隊、砲兵一大隊（山砲）、工兵一中隊、輜重兵隊、衛生部、野戦病院および兵站部を加えて編成された。このうちから歩兵一大隊（第一一連隊第一大隊、大隊長一戸兵衛《いちのへひょうえ》少佐）が先発隊として、六月九日に宇品《うじな》を出航、一二日仁川に到着した。これにつづいて第一次輸送隊（大島旅団長の率いる部隊、混成旅団の約半分）が一六日に仁川に到着して上陸を開始した。

大島公使は六月一〇日、海兵三〇〇名を率いて漢城に帰任した。市街は平穏で、内乱拡大の可能性は少ないので、一戸少佐の率いる一個大隊以外の派遣を中止するよう、翌日、外務省に打電した。しかし、このときすでに大島旅団長の率いる部隊は宇品を出航していた。先着した一戸大隊は、一三日には漢城に入り、海兵と交代して警備にあたった。

伊藤首相の協調論、陸奥外相の強硬論

日本軍の出兵が決定された六月上旬段階では、公式には出兵目的は公使館および在留邦人保護に限定されていた。

出兵に踏み切った伊藤首相は、日清協調を維持しつつ清と交渉を行って朝鮮の内政改革に着手し、朝鮮を清と日本の共通の勢力圏にしようとし、清軍との衝突回避方針をとった。伊藤の意を承けて、大山巌陸相は朝鮮に派遣する参謀将校に、今回は「我が公使館、領事館及び帝国臣民保護の為」に出兵したのであり、「我軍隊と彼の軍隊との衝突は飽迄《あくまで》此を避け」るよう訓示している。

しかし、先に触れたように六月二日の閣議で陸奥外相は、日本も清に対抗して出兵し「朝

鮮に対する権力の平均を維持」する必要があると述べ、「閣僚皆この議に賛同」して出兵が決まった経緯があった。閣僚のだれもが出兵の真の目的は朝鮮での清国との覇権抗争にあると理解していた。この後、陸奥は日清開戦論者として行動し、川上操六参謀次長も開戦準備を進める。朝鮮への出兵が報道されると、新聞紙上に対清強硬論が掲載され、義勇兵送出の運動も始まった。国民の間で対清強硬論・開戦論が力を増し、開戦論者の背中を押すこととなった。

　朝鮮の首都漢城は平穏、全州を占領した農民軍は和約を結んで撤退した。にもかかわらず、大兵力を送り、さらに後続部隊の出兵準備をしていた伊藤内閣は、派兵した軍隊を「空しく帰国」（六月一一日付大鳥公使宛陸奥外相書簡）させるわけにはいかず、何らかの成果を得て、局面を打開する必要があった。

陸奥宗光

　伊藤は六月一三日の閣議で、日清共同して農民軍の鎮圧にあたり、農民軍鎮圧後に日清共同して朝鮮内政改革にあたることを、清と交渉するよう提案する。日清協調を維持しながら、朝鮮に対する日本のプレゼンスを高めるという成果を狙った提案である。閣議はこれを了承しようとしたが、開戦を望む陸奥の反対で決定できなかった。陸奥が開戦を主張した理由は、外相として彼が担当した条約改正交渉でミスを重ね、国内・国外の危機を招いてしまい、この失敗をカバーするため、日清協調ではなく開戦を望んだという、大石一男（『条約改正交渉史』）の解釈は説得的である。同日、閣議の後で伊藤は汪鳳藻《おうほうそう》駐日清公使と会談し、閣議に提出した伊藤案を協議した。汪公使が日本軍の撤兵を強く主張したので、伊藤は妥協し、両者は内乱終結後に日清両国軍が撤兵し、その後で朝鮮内政改革について協議することで合意した。この伊藤・汪合意が実現すれば、日清開戦はなかったはずである。

ところが六月一五日の閣議で伊藤の日清協調論が後退することになる。この閣議で陸奥は、一三日の伊藤首相の提案に、日本軍を撤兵させないで朝鮮の内政改革について清と協議を行う、清が内政改革に不同意の場合も日本単独で内政改革を進める、という二項目の追加を提案し、これが閣議の了承を得たからである。特に一番目の項目は、伊藤との会談で早期の撤兵を強く主張していた汪公使の考えと対立するもので、清が呑めない条件であり、もう一つの項目も清が拒否することが予想された。ではなぜ陸奥のこの提案を伊藤が受け入れたのだろうか。

日清戦争開戦について最も定評のある研究書『日清戦争への道』（高橋秀直）は、「六月十五日、伊藤内閣そして日本は、対清開戦方針を決意した」と述べ、伊藤が対清協調から対清開戦の立場に転換した理由を、日本国内に撤兵に反対する強力な「衆意」（多数の意見）が存在したことに求めている。すなわち、政権内に川上参謀次長や陸奥外相などの開戦を望む勢力が存在しただけでなく、出兵以後、政党関係では対外硬諸派に限らず、自由党内にも、清に対抗する朝鮮政策を実現しようという動き（対清・対朝鮮強硬論）が高まり、ジャーナリズムの多数もこれに同調し、また九月の総選挙を前にして、政党各派が対外強硬論を競うなかで、伊藤内閣は撤兵に踏み切れなくなり、開戦への道を選択せざるを得なかった、と説明する。私もこれに同意する。

しかし、開戦への道は、六月から七月にかけて迷走していく。

第一次絶交書とイギリス・ロシアの干渉

六月一六日、陸奥外相は汪公使を呼び、閣議で決定した方針を伝えた。これに対して、二一日、汪公使より清側の回答が伝えられた。その内容は、①内乱はすでに平定しており共同鎮圧の必要なし、②内政改革は朝鮮政府自ら行うべきものであり、日本は朝鮮自主論をとっているので内政に関与するのは矛盾している、③内乱鎮定後の日清相互の撤兵を定めた天津条約に従い速やかに撤兵すべきであるというものだった。予想通りの日本側提案の全面拒否である。

同日、清側の回答を承けて、政府と統帥部を交じえた閣議は、混成旅団残部（第二次輸送部隊）の派遣を決め、日清開戦は不可避であることを確認した。さらに二二日の御前会議では、政府と統帥部に加え、元勲の山県と松方も参加して、清側の主張に全面対決する対清回答（いわゆる第一次絶交書）と第二次輸送部隊の派遣を最終的に決定する。明治天皇は政府の開戦方針に懐疑的であったが、内閣・統帥部・元勲の一致した意向の前に、これらの決定を承認した。

第二次輸送部隊は六月二四日に宇品を出帆し、二七日に仁川に着き、二九日に漢城郊外の龍山《ヨンサン》に到着した。この結果、漢城城内に一戸少佐の率いる一個大隊一〇〇〇名、郊外に大島混成旅団長の率いる部隊七〇〇〇名が駐屯した。

他方で、開戦への動きをたどりはじめた日本に対してロシアとイギリスの干渉が行われた。六月三〇日、ロシアのミハイル・ヒトロヴォ駐日公使は、清と日本の同時撤兵を要求するロシア政府の厳しい公文を陸奥外相に渡している。伊藤首相と陸奥外相はこれを拒否することを決めたが、撤兵拒否はロシアの軍事干渉を招く恐れもあり、日本側の行動を規制した。すでに六月二五日のヒトロヴォ公使との会談で、陸奥外相は清が挑発しない限り日本から開戦することはないという言質を与えており、日本側からの強引な対清開戦は困難になった。

ロシアの調停と並行してイギリスのジョン・ウォードハウス・キンバリー外相が調停に乗り出した。外相はニコラス・ロデリック・オコナー駐清公使を介して清の意向を確認したうえで、ラルフ・ページェット駐日代理公使に対し、日本政府に日清共同で朝鮮内政改革を進める条件を確認し、交渉成立には両国軍の同時撤兵が必要であることを伝えるよう指示した。ロシアとイギリスの調停を同時に拒否する力は当時の日本にはなく、伊藤首相も陸奥外相も、イギリスの調停を受け入れざるを得なかった。第一次絶交書に続いて、早期に対清開戦を行おうとした日本側の方針はここに挫折する。

ところが、清は七月九日に、日本の撤兵まで交渉に入ることができないという予想外に強硬な返答を小村寿太郎《こむらじゅたろう》駐清公使に告げた。一〇日には、西徳二郎《にしとくじろう》駐露公使から、ロシアの武力干渉はないとの情報も入り、一一日の閣議はイギリスの調停を承けて行っていた対清交渉路線を放棄して、開戦準備の再開を決めた。一二日には、イギリスの調停を拒否した清に今後起きる事態の責任があるという第二次絶交書の送付を決定する。

清政府内の主戦論と開戦回避論

ここまで一八九四年二月以降の朝鮮国内における東学蜂起と甲午農民戦争の動向、およびそれらへの日本の対応を見てきたが、戦争相手である清の動きはどうであったか。

当時の清政府の状況は日本以上に複雑であった。清の光緒帝（一八七一～一九〇八年）は一八八七年から親政を始め、若い光緒帝側近の翁同和《おうどうわ》（龢）と李鴻藻《りこうそう》が政策決定に重要な影

李 鴻章

響を与えていた。しかし、依然として重要国務には西太后《せいたいこう》が関与した。さらに国政と外交を議す部署として軍機処（皇帝の最高諮問機関）と総理衙門（外交を担当）があった。軍機処は礼親王《れいしんのう》が、総理衙門は慶親王《けいしんのう》が中心で、双方に出仕した孫毓《そんいく》汶《ぶん》・徐用儀《じょようぎ》が実力者であった。

北京の中央政府以外で政策決定に重要な発言力を持ったのは、直隷総督・北洋大臣李鴻章であった。北洋大臣は北洋陸海軍を統括し、派兵と武器の海外発注の権限を有した。また在外公館に対して公文書往復を通じて事実上の指揮をとり、総理衙門と北洋大臣は外交権を分有した。さらに北洋大臣は一八八一年以降、朝鮮事務を管轄し、八五年以降は漢城に駐在する袁世凱を通じて朝鮮の内政外交に関与した。

日本の積極的な動きに対して、対朝鮮問題の責任者である李鴻章は日本との開戦回避に動いた。彼は軍備拡張を進めた日本の動きを把握しており、清と日本の軍備の実態を知っていたので、列国に働きかけて日本を押さえようとする。北京政府の中枢部にいた孫毓汶・徐用儀も李鴻章の開戦回避論を支持していた。西太后もまた、李鴻章に対する長年の信頼とこの年の一二月に予定された六〇歳の誕生日祝典を無事に迎えたいという思いから開戦回避に傾いた。

一方で、主戦論の中心人物は光緒帝と若い皇帝を補佐する側近の翁同和と李鴻藻であった。清の対外政策は、西太后・孫毓汶・李鴻章の実力者が主導したが、強硬な正論を唱える翁同和・李鴻藻の議論が光緒帝の意思を背景に政策決定に影響を与えた。七月九日、総理衙門が小村公使に対し、イギリスの調停を拒否する強硬な返答を伝え、日本の開戦論を生き返らせたのも、このような清政府内の政治力学の結果である。

七月九日以後、皇帝、軍機処、総理衙門、皇帝側近の翁同和・李鴻藻は朝鮮問題に関して議論したが、開戦も戦争回避も決定できなかった。

そのようななかで、李鴻章は国内の反対派に挟撃され、一挙に大軍を送って日本軍を圧倒することで、あるいはまったく派兵しないことで、開戦を回避するという思い切った高等政策をとることができず、政治的・戦略的に拙劣な、小出しに増援部隊を送るという選択肢をとらざるを得なくなる。結局、李は七月一九日に牙山へ二三〇〇名の援軍を送る出動命令を下し、別に六〇〇〇名を平壌へ送る計画を立てた。

日本側はこの増援部隊派遣について、清の対日開戦意図を示したものであるととらえ、李鴻章が最も避けたいと考えていた開戦に踏み切ることになる。

III　日清開戦

七月一九日の開戦決定

李鴻章が二三〇〇名の兵士と武器を牙山に送るという情報は、清駐在の外交官や武官から次々と伝えられ、七月一九日、政府・大本営は対清開戦を決定した。

この日、海軍に対して清軍増派部隊を阻止せよとの命令が下された。それは、連合艦隊を率いて朝鮮西海岸の制海権を握るとともに、豊島《プンド》または安眠島《アンミョン》付近に根拠地を設け、増兵を目的とする「清国艦隊及輸送船を破砕」せよとの指令であった。同日、朝鮮の大島混成旅団長にも、清軍兵力が増加する前に、混成旅団主力で牙山の清軍を撃破せよとの指令が伝えられた。

七月一九日は、陸軍・海軍とも戦闘準備に入り、清の陸海軍と接触すれば戦闘状態に入れと命令された日であり、日本が最終的に戦争への道を踏み出した日である。しかし、この段階でも明治天皇や伊藤首相は清との妥協の可能性を探っていた。

常備艦隊と西海艦隊を併せた連合艦隊は、七月二三日、佐世保を出航した。本隊、第二遊撃隊、輸送船と護衛艦は二五日に朝鮮西海岸の群山《クンサン》沖に到着した。

対して李鴻章の派遣したおおよそ二三〇〇名の増派部隊は、愛仁《あいじん》、飛鯨《ひげい》、高陞《こうしょう》の三隻の英国船籍貨物船に搭乗して、七月二四日から二五日にかけて順次、牙山に到着する予定であった。愛仁、飛鯨は二四日中に到着し、一一五〇名の兵士と大砲・弾薬・食料・軍資金などを陸揚げした。そして、偵察のため先行した連合艦隊第一遊撃隊の吉野・秋津洲《あきつしま》・浪速の俊足巡洋艦群は、七月二五日早朝、豊島付近で清海軍の巡洋艦済遠・広乙《こうおつ》に遭遇し、戦闘にいたる。いわゆる豊島沖海戦である。

豊島沖海戦

海軍軍令部編『廿七八年海戦史』（一九〇五年）など日本側の記録は、清の済遠がまず発砲して戦闘が始まったと記している。一方、中国の研究者は日本側が先に攻撃したと主張する。日本側でも、近代日朝関係史研究の第一人者田保橋潔や最新の日清戦争通史を書いた原田敬一は、七月一九日に大本営が攻撃命令を出したので、日本側の先制攻撃から戦闘が始まったと考えるのが自然だと言う。また、これ以前にイギリスやロシアから、清に対する先制攻撃を控えるようにとの警告があったので、日本側は資料を改竄《かいざん》し、清の先制攻撃による開戦だと強弁した可能性がある。

七月二五日の海戦は、済遠が逃亡を図り、広乙は座礁し、日本側優勢のうちに終わろうと

豊島沖海戦　山本芳翠「朝鮮豊島沖海戦之図」(『東京朝日新聞』1894年8月10日付録)

した。そのときさらに、砲艦操江《そうこう》に援護された高陞号（清兵一一〇〇名と大砲一四門を搭載）が現れる。操江は降伏したが、高陞号は浪速（艦長東郷平八郎大佐）の臨検に際して、降伏を拒んだため、日本は撃沈して、イギリス人高級船員三名だけを救助した。この豊島沖海戦の結果、牙山に増派される予定の清側兵力の約半分が阻止され、つづく成歓《ソンファン》・牙山の日本軍勝利につながることになる。

結果的に、混成第九旅団による牙山地域の清軍への攻撃が遅れたために、豊島沖の海軍の戦闘が、日清間で最初の戦闘となった。このとき、宣戦布告あるいは開戦通告以前に日本海軍が清軍艦を攻撃したこと、清の増援部隊と武器を搭載した英国船籍貨物船を撃沈したことは、イギリス世論の対日非難を招き、外交上と国際法上の問題となる。だが、国際法の大家とされたトーマス・アースキン・ホランドとジョン・ウエストレーキが、浪速の行為は容認できると主張してイギリス世論は沈静化をみた。とはいえ、この後も国際法問題が戦争の過程で起こることになる。

朝鮮王宮の武力占領

連合艦隊が朝鮮への清軍増派を阻止するために佐世保を出航した七月二三日、朝鮮の首都漢城では、日本軍が朝鮮王宮を攻撃して占領。朝鮮国王を「擒《とりこ》」（陸奥『蹇蹇録』第一次刊本の用語）にするという驚くべき事件が発生した。

日本が「第一次絶交書」を清の駐日公使に手交して対清開戦への道をたどりはじめたにもかかわらず、ロシア・イギリスの干渉によって開戦への道が頓挫していた七月初め、朝鮮では開戦理由を探せという陸奥外相の指示に従い、七月三日、大鳥公使は内政改革の具体的提案を朝鮮政府に行っていた。一〇日に朝鮮側改革委員と大鳥の初会合が行われたが、一六日に朝鮮政府は、内政改革着手は日本軍撤兵後であると、撤兵を要求した。

朝鮮政府の対応に改革の意思がないと判断した大鳥は、日本軍で王宮を包囲して軍事的威嚇によって要求実現を図る計画を立てた。七月一八日付で、大鳥は王宮を包囲して要求実現を図ることを提案する電報を陸奥外相宛に送り、陸奥はこれを容認した。だが、閣議では王宮包囲のような強硬手段を執ることへの異論が出る。その結果、陸奥は一九日付の大鳥宛返信で、大鳥に「正当と認むる手段を執らるべし」と指示する一方で、欧米諸国が不審に思う王宮包囲計画は禁止する。さらに李鴻章が朝鮮への増派を決したことは「清国は兵力を以て我に向て敵対するものと認定」できるので、日本は対抗手段を取る（開戦する）ことを伝えた。

大鳥の主張する王宮包囲策を否定しながら、対清開戦を伝え、大鳥に「正当と認むる手段を執」るように指示したこの電文の真意は摑《つか》みがたい。その結果、漢城では外相の中止指令を無視して大鳥とすでに漢城にいた大島義昌混成第九旅団長が動き、対清開戦が混乱する。

大鳥公使は、二〇日、清軍の退去を朝鮮政府に求めることなどの照会を行い、回答期限を七月二二日とした。受け入れ不可能な要求を朝鮮政府が拒絶することを予想した行動である。これと同時に、大鳥公使は本野一郎参事官を大島混成第九旅団長のもとに派遣し、朝鮮政府が要求を受け入れない場合、まず一大隊の兵を進めて王宮を囲み、朝鮮側が屈服しなければ旅団の全力をもって王宮を囲むことを依頼した。大島はその後に、高宗の父で閔氏政権と対立していた大院君を王宮に入れて政府の首脳とし、朝鮮政府に牙山にいる清軍への攻撃を日本に依頼させ、対清開戦の口実を得る計画を考えていた。大島旅団長はこの計画を承諾して、七月二二日から牙山に進軍する計画を一時延期。一大隊ではなく、はじめから全旅団兵力を動員して朝鮮王宮攻撃を実行する。

七月二二日夜、朝鮮政府の回答が日本公使館に届く。予想通り拒否の回答であった。二三日午前〇時三〇分、大島公使より大島旅団長宛に「計画通り実行せよ」との電報が到着すると、混成第九旅団は龍山を出発して漢城へ向かい、大島旅団長は日本公使館に入り指揮を執った。

歩兵第二一連隊長武田秀山《たけだひでのぶ》中佐が率いた第二大隊と工兵一小隊が、午前五時頃に王宮の迎《ヨン》秋門《チュムン》から侵入、警備の朝鮮軍と交戦のうえ占領し、国王を拘束した。朝鮮軍との戦闘は散発的に午後まで続き、日本軍兵士一名が戦死した。同日、日本公使館の杉村濬書記官が、日本による担ぎ出し工作を頑強に拒絶していた大院君を連れ出して王宮に入り、翌二四日、大院君の下で新内閣が組織された。

後日、不都合な事実は隠され、ここでも歴史の書き換えが行われる。日露戦争の開戦後に出版された公刊戦史の参謀本部編『明治二十七八年日清戦史』第一巻（一九〇四年）では、王宮占領は先に射撃をしてきた朝鮮兵に反撃して日本軍が王宮を占領した自衛的・偶発的事件と説明された。著名な日清戦争研究者である中塚明は福島県立図書館佐藤文庫に所蔵されていた『日清戦史草案』を検討することで、草案段階で詳細に描かれていた日本公使館と混成旅団が事前に計画して実行した王宮占領事件が、公刊戦史では書き換えられ、ここでも

「歴史の偽造」が行われたことを解明している（『歴史の偽造をただす』）。

　この「歴史の偽造」が行われる以前には、王宮占領事件の概要を当時のジャーナリズムは事実をほぼ正確に伝えていた。たとえば当時の著名な新聞記者川崎三郎《かわさきさぶろう》（紫山《しざん》）が著した浩《こう》瀚《かん》な日清戦争の通史、『日清戦史』全七巻（一八九六〜九七年）の第一巻には、大島公使と混成第九旅団が計画的に朝鮮王宮を攻撃して占領した事実が述べられており、事件が計画的であったことを知っている国民も実は少なくなかった。

混成第九旅団の南進

　王宮武力占領作戦のために牙山地区への進軍は遅れ、七月二五日になって大島旅団長は混成第九旅団主力（歩兵三〇〇〇名、騎兵四七騎、山砲八門、兵站部隊）を率いて牙山に向かった。

　翌二六日、大島公使から牙山の清兵の駆逐を依頼する朝鮮政府の公文を受領したとの報告が入る。牙山の清軍攻撃の大義名分を得るために必要な文書であったが、陸奥の『蹇蹇録』でさえ、「韓廷より牙山にある清国軍隊を国外に駆逐するの委託を強取する」と記しているように、国王・大院君・外務督弁（外相）趙秉稷《チョビョンチク》が抵抗するのを、脅迫して出させた公文であった。しかし、朝鮮側が抵抗した結果、曖昧な内容になってしまったらしく公開されなかった。「駆逐依頼」の公文とともに、朝清条約廃棄通知と日本軍の徴発に協力せよとの地方官庁への訓令も出された。

漢城から牙山へ南進する混成第九旅団が最初に直面したのは補給問題である。大島少将指揮下の混成第九旅団は、歩兵以外に、小規模ながら砲兵、騎兵、工兵、その他の諸部隊も配備したミニ師団であった。しかし、広島出発時に準備が間に合わず、輸送を担当する輜重兵部隊と兵站部には、駄馬も軍夫も徒歩車両（大八車《だいはちぐるま》）も配属されていなかった。そのため、混成第九旅団は仁川や漢城にとどまっている限り戦闘力があったが、牙山まで移動して戦闘する能力はなかった。牙山に向かうためには、朝鮮現地で軍夫・人夫と馬・牛を徴用する必要があったのである。ちなみに軍夫とは軍人である輜重輸卒の代わりに物資の運搬を担当するために、民間人を雇用して臨時雇いの軍属としたものであった。

結局、移動に際して軍夫には仁川・漢城の在留邦人を動員したが、人数が限られたので、七月二五日の出発時には武力で威嚇して朝鮮人人夫と牛馬を徴発した。しかし強制的に動員した人夫は、同日深夜、水原《スウォン》で牛馬を連れて逃亡したので、牙山進撃に支障をきたした。このとき、食料のみならず、小銃弾や山砲弾も失われた。歩兵第二一連隊第三大隊では、所属の人夫と牛馬すべてが逃亡、二六日の混成第九旅団の出発が困難になったので、大隊長古《こ》志正綱《しまさつな》少佐が責任を取って翌日に自刃するという異常事態さえ生じていた。

朝鮮政府から、七月二五日に日本軍の徴発に協力せよとの訓令を出させてからは、地方官庁の対応も改善したものの、食料と輸送手段の不足と、折からの高温は、日本軍の行軍を厳しいものとしたが、混成第九旅団主力は、二七日振威県に、二八日素沙場に到着して露営、清軍が牙山の東北方向、全州街道上の成歓に布陣していることを知る。

成歓の戦い

迎え撃つ清軍は、聶士成が約二五〇〇名を率いて成歓に布陣し、野戦築城を行い、野砲六門を設置して日本軍に備えていた。聶士成と相談のうえで、司令官の葉志超提督は一営を連れて公州方面に後退し、途中の天安《チョナン》に達した。成歓の清軍は、主力を成歓とその東方の罌粟《けし》坊主山《ぼうずやま》に布陣し、一部は谷を隔てた北西方向の銀杏亭《いちょうてい》高地に配置する。日本軍の大島旅団長は、右翼隊で銀杏亭高地を牽制し、主力で罌粟坊主山を攻撃する作戦計画を立てる。

七月二九日未明から日本軍は露宮地から移動を開始したが、右翼隊（隊長武田秀山中佐）は、雨と満潮で河川が増水するなか、地理不案内な水田地帯を行軍するのに難渋した。途中、前衛隊が安城川《アンソンせん》を渡り佳龍里の集落に接近したところで、三時二〇分頃、集落内から射撃を受け、中隊長松崎直臣《まつざきなおおみ》大尉が戦死、兵士多数が死傷した。右翼隊長は右に迂回して敵を攻撃しようとしたが、このとき、時山龔造《ときやましゅうぞう》中尉と兵士二三名は泥深い川で溺死した。この戦闘は、「安城渡の戦い」として日本で報道された。その後、この戦いで、死ぬまでラッパを吹きつづけた白神源次郎《しらかみげんじろう》（のちに木口小平《きぐちこへい》に変更）の勇敢さが美談として新聞で報じられ、賞賛された。このような犠牲を払いながら右翼隊は銀杏亭高地に達した。

大島旅団長の率いる主力は、前衛大隊で罌粟坊主山に迫り、後続部隊で清軍の両翼を包囲攻撃した。罌粟坊主山の清軍が後退しはじめると、聶士成は白馬に乗って数百の手兵を指揮して応援に駆けつけ、激戦が続いた。

成歓の戦い（1894年7月）

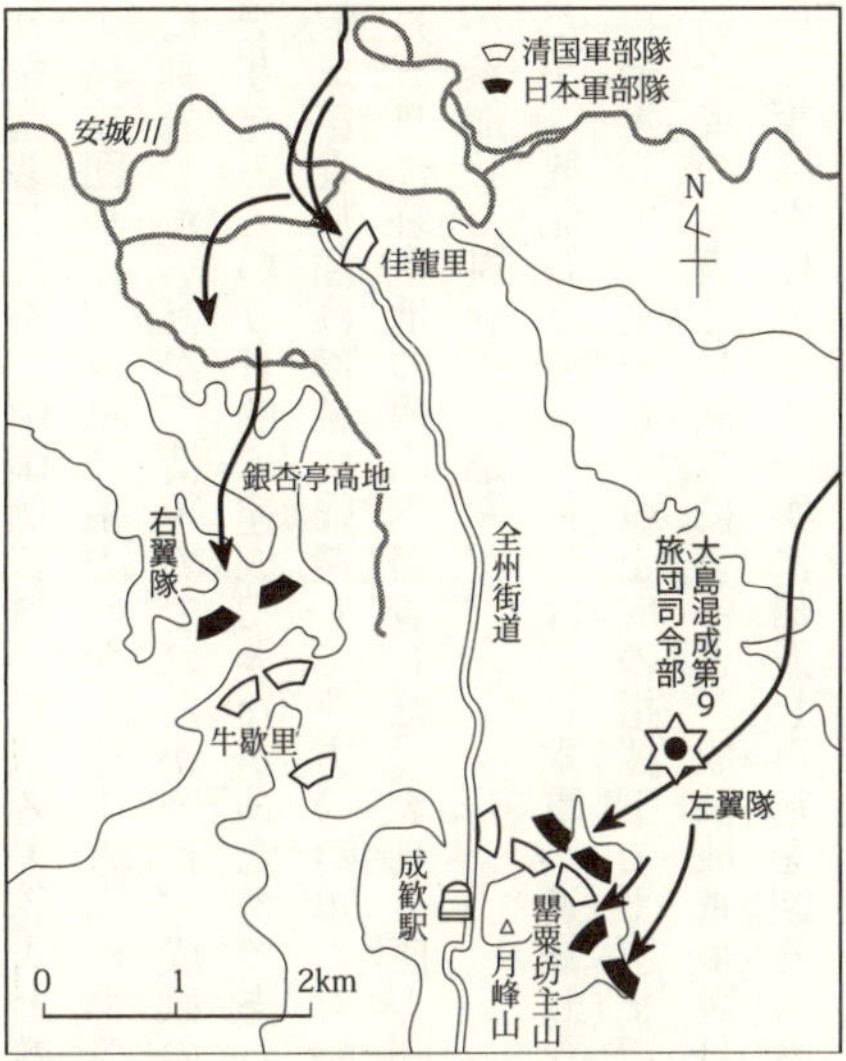

奥村房夫監修・桑田悦編『近代日本戦争史・第一編日清・日露戦争』（同台経済懇話会，1995年）を基に著者作成

午前七時頃、日本軍は罌粟坊主山の陣地に突入。これを見て、成歓・銀杏亭高地付近の清軍は南方に後退し、日本軍は勝利を得る。日本軍の死傷者は八二名、砲弾二五四発と小銃弾六万七八〇一発を消費した。陸軍の公刊戦史である『明治二十七八年日清戦史』は、清軍の死傷者は五〇〇名以上と記述し、その後の日本側の研究者も

これを踏襲したが、中国側資料から見ると誇大な数字である可能性がある。

大島旅団長は、清軍の主力はなお牙山方面にあると確信して牙山に向け出発し、午後三時頃に到着した。だが、清軍の姿はなかった。成歓の戦闘に勝利したものの、清軍に壊滅的打撃を与えるという目的は達成できなかったのである。

混成第九旅団は漢城に帰還して北方の清軍に対峙するため、七月三一日、牙山を出発し、八月五日に駐屯地の龍山へ帰着した。大島公使、朝鮮国王の特使李允《イユン》のほか、多数の居留邦人が参加した凱旋式に臨んだ。

だが、敗北した清軍の将兵は、日本軍が追撃しなかった結果、南方の公州に約三〇〇〇名が再結集して、葉志超や聶士成の指揮下で平壌まで帰還していた。

聶士成の『東征日記』によると、成歓敗戦の翌日、七月三〇日に聶士成は公州で葉志超に逢い、軍隊を収容して平壌に帰還し再起を図ることを説得していた。三一日、公州から北東に向かい行軍を始め、清州・清安・鎮川・清風にいたり、ここで北西に転じて、原州・春川・金化・伊川・遂安・祥原を経て、八月二八日、平壌に到着したのである。

『東征日記』を読むと、食料や宿舎を朝鮮側に提供してもらいながら、日本軍との接触を避け、落伍者が出れば待機して収容し、雨のため行軍が困難となれば待機するという周到な逃避行で、戦闘力を保持しつつ平壌に到着している。途中、八月一三日に狼川で平壌の守将であった左宝貴《さほうき》が派遣した偵察兵に会い、一八日に平壌に集まり再起を図れとの李鴻章の電報に接し、二〇日には左宝貴の派遣した迎えの騎兵隊に会っている。葉志超は先行して平壌へ入ったが、聶士成は困難な殿軍《でんぐん》を担当し、四〇〇キロにわたる困難な撤退作戦を成功させた。これは軍事的な壮挙と言っても過言ではない。

宣戦詔書をめぐる混乱——戦争はいつ始まったか

海陸で戦闘が始まると、日清両国とも宣戦布告に向けて動き出した。

まず、清は七月二九日に駐日公使の帰国を命じ、三〇日に総理衙門が駐清各国公使に開戦責任は日本にあるとの文書を発し、さらに三一日、総理衙門の慶親王が小村公使に、日清修好条規廃棄と国交断絶を通告した。八月一日には、光緒帝の宣戦上諭が発せられた。日本側でも、七月三一日、駐日各国公使に交戦通知書を交付したので、国際法上は両国は戦争状態に入った。

伊藤首相は、七月三〇日に伊東巳代治《いとうみよじ》内閣書記官長と井上毅《いのうえこわし》文相に対して、宣戦詔書の起草を命じた。井上文相は、大日本帝国憲法起草に参与し、第一次伊藤内閣で初代内閣法制局長官を務め、この間に詔勅起草にしばしば参画した経験があるためである。この時期の独特の漢語を多用した明治天皇の詔勅には、彼の筆が入っている。

七月三一日の閣議に提出された詔勅案は、開戦相手国問題と開戦名目をめぐって議論が続出して承認されなかった。

開戦相手国問題とは、清一国と戦争するのか、清および朝鮮と戦争するのか、閣内に二つの意見があったからである。七月二三日の朝鮮王宮占領事件で田上岩吉一等兵が戦死したので、陸軍が戦争相手国を「清国及朝鮮国」とするよう主張したと思われる。

しかし、光緒帝の宣戦上諭が八月一日に出されたので、これと対抗して早急に宣戦詔勅を決める必要が生じ、八月二日の閣議で妥協が成立して、戦争相手国を「清国」、日付を八月一日とする宣戦詔勅案が決定され、天皇の裁可を経て、二日の『官報』号外で公布された。

これと関連して、開戦後しばらくして、政府内で開戦日をいつとするのかが議論となった。このとき、論理的には以下のように五つの開戦日の可能性があった。

①七月二三日。連合艦隊が清国軍艦および輸送船を破砕する目的で出航し、混成旅団が朝鮮王宮を攻撃占領した日。海軍と、当初は陸軍もこの日を主張。
②七月二五日。豊島沖海戦発生の日。
③七月三一日。日本が交戦通告書を中立国に交付した日。外交上、国際法上の開戦日。
④八月一日。宣戦詔書の形式的な日付。最も根拠薄弱。

⑤八月二日。宣戦詔書が実際に閣議決定され、公布された日。

開戦日問題は、国内で戦時法をいつから適用するかに関係し、軍人に特に関係が深かった。結局、九月一〇日の閣議では、七月二五日を開戦日に決定する。その結果、公式には七月二三日の朝鮮側との戦闘は日清戦争ではなくなり、陸軍公刊戦史で「歴史の偽造」が行われ、偶発事件として処理されることになった。命令に従って戦闘に参加し死亡した田上岩吉一等兵は、法的には戦死者の扱いを受けることができなくなったのである。

近年の研究では、大本営が設置され、戦争指導している段階で発生した七月二三日の戦闘を単なる偶発事件による戦闘とするのではなく、「日朝戦争」あるいは「七月二十三日戦争」と定義し、七月二五日に始まり一八九五年四月の講和条約締結と五月の講和条約批准で終わる「狭義の日清戦争」と併せて、広義の日清戦争の一部とするのが有力な考え方となっている。だが、そうであれば後で詳述するが、講和条約の批准後、日本領となった台湾で発生した戦闘をどう考えるのかという議論が起こる。日清戦争は開始時期とともに、終期についてもさまざまな考え方があり、戦争がいつ始まって、いつ終わったのかを議論することは、日清戦争そのものの性格を論じることにつながることになる。そのため、この点については私の考え方を終章であらためて提示したい。

明治天皇の日清開戦への思い

明治天皇の事績を記した『明治天皇紀』第八の一八九四年八月一一日の項には、明治天皇と日清戦争開戦に関する興味深いエピソードが記されている。

宣戦詔書公布の後、土方久元《ひじかたひさもと》宮相が伊勢神宮および先帝陵（神武陵・孝明陵）に派遣する勅使の人選について天皇に相談したところ、天皇は意外にも、今回の戦争は「朕素《ちんもと》より不本意なり、閣臣等戦争の已《や》むべからざるを奏するに依り、之を許したるのみ、之を神宮及び先帝陵に奉告するは朕甚《はなは》だ苦わしむ」と発言したというのだ。つまり、日清戦争は不本意な戦争であったが、大臣の要請によりやむを得ず許したので、先祖に報告などしたくない、と拒否したのである。土方は驚き、その考えは間違っているのではないかと強く諫《いさ》めたところ、天皇はおまえの顔など見たくないと怒り、土方は仕方なく退席した。

土方宮相を叱責《しっせき》した翌日、天皇は反省して、土方を呼んで勅使の人選を聞いたので事態は収まったが、天皇は一一日に行われた宮中三殿での奉告祭を欠席し、式部長鍋島直大《なべしまなおひろ》が代拝した。開戦奉告祭のような重大な祭祀を代拝させるのは異例であり、天皇は清との戦争に納得していなかった。では、なぜ明治天皇が日清開戦を「不本意」と考えたのだろうか。

たとえば、西川誠はその著書で次のように指摘する。明治天皇は冒険的な対外進出を避ける避戦論者であった。この考え方は、父である孝明天皇や元侍補《じほ》（佐佐木《ささき》高行《たかゆき》や元田《もとだ》永孚《ながざね》）の影響、あるいは天皇が信頼していた伊藤首相など長州派の、国力を勘案して対外進出に抑制的な対外政策の影響があった。さらに、天皇は負けることへの恐れが大きく、先祖から連綿と受け継いだ帝位と国家を危うくする冒険策を忌避した（『明治天皇の大日本帝国』）。

檜山幸夫は、より具体的にこの件について説明する。明治天皇は朝鮮への出兵自体に反対ではなかった。だが、出兵の結果として清との関係が悪化すると、政府の決定に懐疑的になり、閣議決定の承認にあたって伊藤首相や陸奥外相に詳細な説明を求める。このため伊藤や陸奥は天皇に会うことを避けるようになり、重要な情勢報告や決定が天皇に報告されなかったり、事後に報告されるようになる。天皇は特に、都合の悪いことを隠す陸奥の外交指導に不満を持っていた。最終的には、事前に了解を得ないまま、「突然、宣戦詔書を示され、熟考の余地なく裁可させられた」として激怒したと解釈する（檜山『日清戦争』）。

明治天皇は、石橋を敲《たた》いて渡るという慎重な性格の人物である。その判断基準は先祖から受け継いだ「万世一系」の帝位と国家を危うくすることへの恐れに基づいていた。また、明治天皇は四〇歳代という壮年期に達し自らの意思を主張するようになっていた。だからこそ重要な情報を隠し、開戦へ進み、最後に相談もなく宣戦詔書を裁可することを強制した伊藤と陸奥の態度に怒る。それが「朕の戦争に非ず、大臣の戦争なり」という事件の真相であろう。このような天皇の性格は日清戦争から一〇年後の日露戦争の開戦決定の際も現れ、「よもの海みなはらからと思ふ世になど波風のたちさわぐらむ」という歌を詠《よ》む。これは明治天皇の不安の表れだった。

しかし、明治天皇は単なる平和主義者ではなかった。一時の怒りが静まって事態を理解すると、戦争指導に精励した。とはいえ、日清戦争は天皇には大きな心の負担であった。それを示唆する記録がある。

日清戦争が終結すると、明治天皇は大本営のあった広島から東京に帰る。その途中で京都に滞在した一八九五年五月一二日に、個人的に親しい枢密顧問官佐佐木高行を一人だけ呼んだ。そして普段は寡黙な明治天皇が、日清戦争について、一方的にしゃべり続け、佐佐木はただ拝聴するだけだった（津田茂麿『明治聖上と臣高行』）。この行動は、戦争中に大きなストレスを溜《た》め込んでいたこと、そして側近の佐佐木に対して心の内を語り続けることでそれを発散したことを示している。

第3章　朝鮮半島の占領

Ⅰ　平壌の戦い

戦争指導体制

朝鮮への出兵が決まると、前年に公布された戦時大本営条例に拠って、一八九四年六月五日に参謀本部内に大本営が設置された。戦時大本営条例では、侍従武官・軍事内局員・幕僚・兵站総監部・管理部および陸相・海相を大本営構成員とするはずであった。ところが、天皇に直属して軍の儀礼・人事を管轄し、軍事上の諮問に応えるドイツのような侍従武官局（軍事内局）は設置されていなかったので、参謀総長有栖川宮熾仁親王が幕僚長となって幕僚を統括し、天皇に作戦計画などを奏上した。

このときの参謀総長は「帝国全軍の参謀総長」であったので、参謀総長の下で、陸軍の責任者は参謀次長（川上操六）、海軍の責任者は軍令部長（中牟田倉之助《なかむたくらのすけ》、七月一七日、樺山資紀に代わる）であった。川上はさらに兵站総監を兼ねて、陸軍の作戦全般を掌握した。

七月一七日、初めて宮中で大本営会議を開いた。天皇が臨席し、山県有朋枢密院議長も出席を命じられ、さらに二七日の会議から伊藤首相が出席した。山県は現役陸軍大将で武官であったが、伊藤は文官であり、大本営に列席するのは異例である。しかし、伊藤は首相であるとともに、藩閥勢力内の最高実力者で、天皇の信任も厚かったので、文官でありながら大本営に列して戦争の作戦指導に関与した。またのちに、陸奥宗光外相も大本営に列している。八月五日には、大本営を宮中に移し、西の丸の明治宮殿の正殿を会議室とし、事務室も宮殿内に置いた。

八月二七日には、長州出身の元陸軍次官岡沢精《おかざわくわし》少将がはじめて侍従武官に任じられ、軍令関係の上奏を扱い、大本営に出席した。ちなみに戦後の一八九六年四月一日に大本営が解散すると、侍従武官制が定められ、軍令関係の上奏は侍従武官長の管掌とし、陸海相の上奏は侍従長の所管となる。

短期戦から長期戦へ

清との戦争を決意した以上、どのような基本方針で戦争を行うのか定める必要があった。

八月五日、参謀総長有栖川宮熾仁親王と川上操六参謀次長が天皇に会い、「作戦大方針」を説明したとの記述が『明治天皇紀』（典拠は『熾仁親王日記』）にあるので、かつてはこの日に基本方針が決定したと考えられていた。しかし、近年の研究の結果、日清戦争の基本方針は、六月二一日までに陸海共同作戦案として作成されており、同日の臨時閣議で説明されていた。これを基礎に、七月中に「作戦大方針」が決定し、七月二三日に佐世保を出航した伊《い》東祐亨《とうすけゆき》連合艦隊司令長官や、七月三〇日に朝鮮への出征命令を受けた野津道貫第五師団長にも、この方針が交付されていることが明らかになった。

「作戦大方針」の要点は、黄海・渤海の制海権を掌握し、秋までに陸軍主力を渤海湾北岸に輸送して、首都である北京周辺一帯での直隷決戦を清軍と行うというもので、短期決戦をめざしていた。この作戦は陸軍が一八八〇年代から構想していたものである。ただし、制海権が不十分な場合は当面朝鮮の確保に努める、さらに制海権が清海軍に握られた場合は朝鮮に派遣した混成第九旅団に援軍を送り敵を迎撃するとしていた。

しかし、七月二五日の豊島沖海戦以後、海軍が求めていた艦隊決戦の機会は訪れず、制海権掌握はならなかった。このため八月九日に「作戦大方針」は変更され、直隷決戦は来春以降に延期された。短期決戦をめざしていた日清戦争は、年をまたぐ長期戦へと変わる。

この方針転換は、八月三一日に「冬季作戦方針」としてまとめられた。「冬季作戦方針」

第1軍（編成当初）

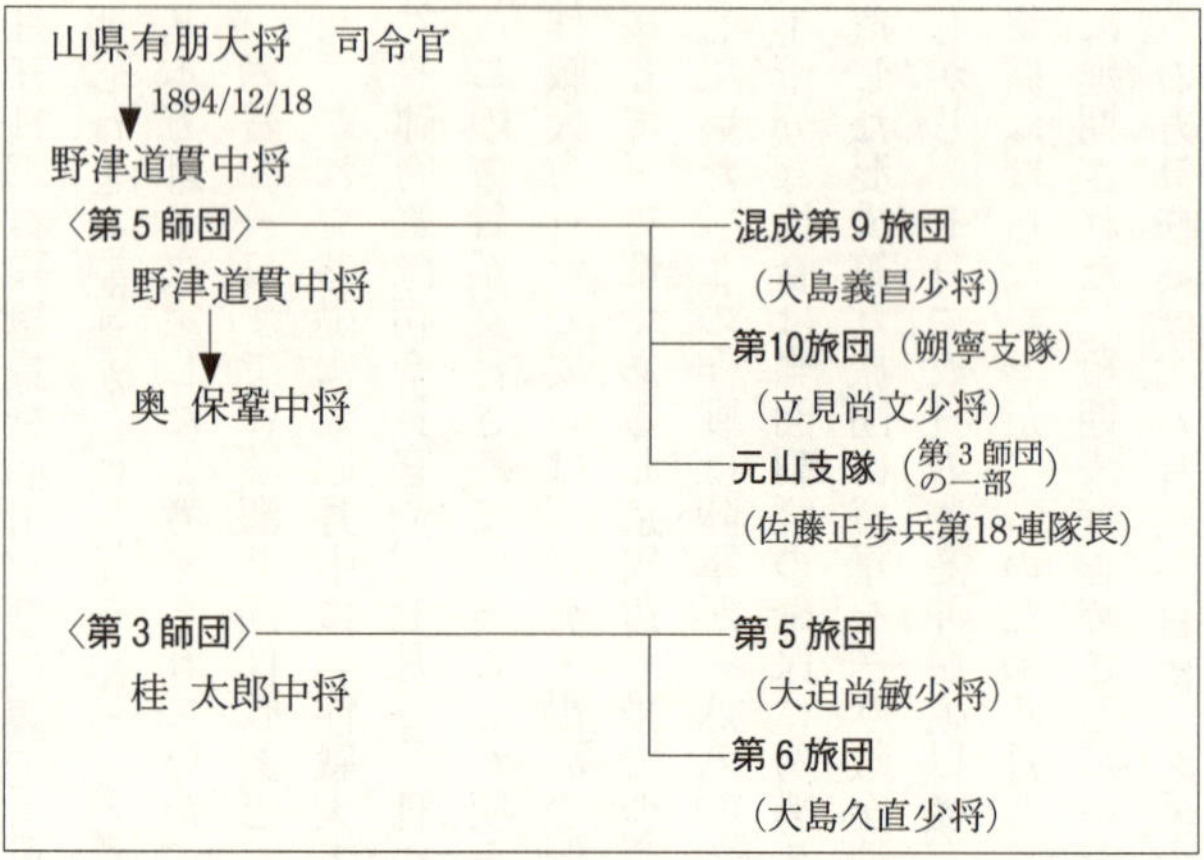

では、直隷作戦根拠地とするため遼東《りょうとう》半島先端部の旅順を占領し、同時に平壌付近の安全を確保するため朝鮮国内の敵軍を掃討する、そのほか直隷の敵軍を分散させるため満州の中心都市奉天《ほうてん》を衝くとした。さらに春の直隷決戦に備え、平壌付近に大軍を送り込むことも計画されていた。

これらを実現するため、朝鮮国内を占領し、鴨緑江《おうりょくこう》を越えて満州に侵入する目的で、八月一四日に第五師団に第三師団を加えて第一軍を編成することを決定した。さらに、九月二一日、遼東半島の旅順占領をめざして、第一・第二師団と混成第一二旅団によって第二軍を編成することが決められた。

第五師団本隊、朝鮮へ

大島義昌少将の率いる混成第九旅団を送り出した後、日本にとどまっていた第五師団は七月三〇日に大本営から渡韓命令を受け取った。部隊を輸送船で仁川に輸送するのが一番効率的であったが、制海権が確保されていなかったため、師団司令部とともに最初に出発した部隊は、釜山と元山に上陸して陸路漢城をめざした。釜山・漢城間は約一〇〇里（約四〇〇キロメートル）、元山・漢城間は約五〇里（約二〇〇キロメートル）の難路であった。

第五師団長野津道貫中将は『明治二十七八年陣中日記』と題する従軍日記を残している。本人ではなく副官が記録したもので、原本と清書本がそれぞれ一六冊ずつあり、一八九四年六月四日から九五年五月一五日までを克明に記録している。

この日記によれば、八月四日、野津と師団司令部は熊本丸に乗船して宇品を出航し、六日、釜山に到着した。同日、野津は大本営から事前に指示された釜山から漢城に向かう中路は悪路のため、一大隊のみ中路を進ませ、残りの部隊は元山に上陸することを具申したが、大本営はこれを拒否した。仕方なく、八日から行軍を開始したが、兵隊の疲労を減らすため背嚢《はいのう》（一人あたり五貫、約一八キロもある）を釜山に送り返す（九日）、雇用した朝鮮人人夫に支払う「韓銭払底」したために「人夫逃亡するに依り前進する能わず」（一一日）、「目下韓銭并《ならびに》糧食の不足に依り前進する能わず」（一三日）などの行軍の困難を伝える記事が連日記されている。

八月一四日、洛東《ナクトン》に達した野津はたまりかねて、中路は道路険悪、これに加え韓銭と糧《りょう》秣《まつ》（人間の食料と馬の飼料）が不足し、物資を運送する朝鮮人人夫を雇用することが困難なので、後続部隊は元山または仁川に上陸させるよう具申している。大本営でも事情を察して、第五師団後続部隊は連合艦隊の護衛の下、仁川に直行させた。野津一行はこの後、鳥嶺の険を越え忠州《チュンジュ》（忠清道）にいたり、可興からは船で漢江を下り、行軍開始から一〇日以上経った八月一九日に漢城に到着した。

元山に上陸したのは歩兵第二二連隊（松山）第二大隊と、後続の歩兵第一二連隊（丸亀）第一大隊と砲兵だったが、彼らも中路に劣らぬ労苦を体験した。松山中学の体育教師で熱心なキリスト教徒であった濱本《はまもと》利三郎《りさぶろう》は、六月一三日に召集令状を受け取り、八月二日松山郊外の高浜から乗船して、五日に元山に到着した。下士官として従軍した濱本は『日清戦闘実験録《ママ》』を残している。

濱本が属した第二大隊（大隊長安満伸愛少佐）は、将校兵卒九〇〇名と日本人軍夫四〇〇名からなっていた。八月六日、元山を出発した部隊は猛暑に襲われ落伍者が続出。小柄な日本兵は五貫もの背嚢と四キロの村田銃からなる二〇キロを超える装備のため、四〇度に達した朝鮮の夏の暑さに参ってしまう。そのうえ、八日に淮陽《フェヤン》に着いたときには、徴発した三〇〇頭余の牛の過半は疲労のため倒れ、朝鮮人人夫は逃亡した。

食糧を背負う人夫は疲労のため動けず、苦しみのあまり「ひと思いに斬りすてよ」と言ったという。監督官が軍紀の厳しさを示すために人夫一人を斬ったが、疲労困憊《こんぱい》の人夫は怯《おび》えるのみで立とうとはしなかった。しまいに安満大隊長は人夫が担うことのできる荷物以外を捨てる決断をし、徴発隊を先行させて食糧を確保して、暑い昼を避けて夜間行軍に切り替えたという。

以上のような過酷な行軍の結果、八月下旬になり第五師団は漢城付近にようやく集結した。

輜重の困難――「輸送の限界」

ここで日清戦争における陸軍の弾薬・物資の輸送方法について確認しておこう。

フランス軍やドイツ軍にならった日本陸軍は、輸送手段に馬を使うのが本来の姿だった。砲身が長く重い野砲は輓馬《ばんば》（車を曳《ひ》かせる馬）が曳いて移動し、砲身の短い山砲は分解して駄馬に運ばせた。弾薬・物資の運搬はヨーロッパでは馬車を使ったが、道路事情の悪い日本では駄馬を使うのが基本であった。

日清戦争段階の日本では体格の貧弱な在来の日本種の馬が主流で、質と量の両面で馬の確保が困難だった。そのため馬の代わりに兵士が徒歩車両を引いたり、背負子《しょいこ》を背負って運ぶこともあった。

駄馬、徒歩車両とは、それぞれ具体的には、前者は馬につけた特殊な鞍に荷物を振り分けにして運ぶ運搬法、後者は大八車（リヤカーの前身の木製二輪荷車）に駄馬二頭分の荷（約一八八キロ）を積んで、輜《しちょう》重輸卒三、四名で引くものである。

しばしば誤解されるが、同じ荷物を運ぶ兵隊でも、輜重兵と輜重輸卒はまったく違う。簡易に説明すれば、輜重兵は駄馬または馬車で荷物を運び、輜重輸卒（日中戦争期から「特務兵」と改称）は徒歩で荷物を運んだ。輜重兵は他の兵種と同じように在営し昇進することができたが、輜重輸卒は在営期間が短く、日中戦争期まで昇進できず二等兵で終わることが多かった。「輜重輸卒が兵隊ならば、チョウやトンボも鳥のうち」と揶揄《やゆ》され、蔑視《べっし》された兵種であった。

実際には民間からの馬の徴発は困難で、さらに訓練済みの輜重輸卒も少なかったので、戦争が始まると民間人を臨時の軍属である軍夫として一時雇用して、駄馬と輜重輸卒の不足に対応した。明治期の日本陸軍の最大の弱点は、軍馬の不足と不良であったと言っても過言ではない。日清戦争そして日露戦争でも、陸軍の輜重部隊や兵站部隊は基本通りにいかず、変則的なものとなった。

最初に朝鮮に渡った大島義昌少将が指揮した混成第九旅団は輜重兵が規定数を下回ったうえに、馬も徒歩車両もなく、輸送能力を欠いていた。清軍のいる牙山に向かって南下するた

日清戦争の出征師団の動員人馬数

師団		人員合計	各兵科	うち輜重輸卒	軍夫	輓馬	駄馬	徒歩車両
野戦師団	近衛	13,880	13,118	2,217	0	1,585	805	0
	第1	20,086	15,559	1,846	3,768	384	1,142	1,405
	第2	20,052	15,957	2,452	3,351	384	1,142	1,405
	第3	18,087	14,982	1,231	2,354	0	4,154	0
	第4	19,972	19,198	2,213	0	1,970	1,190	0
	第5	20,878	15,928	2,136	4,169	0	785	0
	第6	17,808	16,982	2,438	90	497	3,581	0
	臨時第7	5,875	5,551	1,011	4	0	1,041	0
	計	136,638	117,275	15,544	13,736	4,820	13,840	2,810
兵站部	近衛	4,151	436	0	3,492	0	0	989
	第1	4,804	370	11	4,256	0	11	1,216
	第2	4,783	356	25	4,256	0	9	1,216
	第3	4,893	363	13	4,346	0	733	1,000
	第4	4,800	361	9	4,264	0	9	1,216
	第5	1,703	287	18	1,022	0	0	0
	第6	3,841	634	363	3,053	0	360	870
	臨時第7	45	4	0	0	0	0	0
	計	29,020	2,811	439	24,689	0	1,122	6,507
合計		165,658	120,086	15,983	38,425	4,820	14,962	9,317

註：輓馬，駄馬は頭数，徒歩車両は台数
出所：陸軍省編『明治廿七八年戦役統計』上巻の「動員人馬総員」（41～43頁）

めには、居留民から軍夫を募集し、朝鮮人人夫と馬を強制的に集めたので混乱が起こっている。

次に渡韓した野津道貫中将が指揮する第五師団残部は、歩兵・騎兵・砲兵・工兵のほかに、師団内の支援部隊として大小架橋縦列（工兵が使う架設橋の材料を運ぶ部隊）、弾薬大隊、輜重兵大隊、衛生隊、野戦病院を備え、本格的な兵站部も持つ、総員一万四五〇〇名の大部隊であった。

しかしこの部隊でも輜重輸卒は定員の半分以下の九六三名しか動員されず、師団と兵站部には五〇〇〇名を超える軍夫が雇用されて輸送にあたった。軍夫たちが背負子で弾薬や食糧を運ばざるを得なかったために、第五師団の軍事物資の輸送能力は非常に低いものであった。

第三師団の動員

大本営は八月四日、名古屋の第三師団の動員を命じた。第三師団長の桂太郎中将は、かつて自分が中心となって整備してきた軍事システムを試す好機ととらえ、張り切っていた。当初第三師団は遼東半島を占領し、直隷決戦を準備する戦力と位置づけられていた。遼東半島の道路が悪く、馬の飼料確保が困難と誤解されていたので、師団の輜重部隊（弾薬や食料を運ぶ部隊）の編制を駄馬から徒歩車両に変更した。その後、第三師団は朝鮮に送られることになり、朝鮮では駄馬が有効との情報が伝わると、大本営は再び駄馬編制に戻し、さらに輸送力強化のため軍夫と徒歩車両を準備させた。そして、第三師団は八月末に名古屋を発ち、朝鮮へ向かった。第五師団と比較すると、駄馬と軍夫と徒歩車両を備えた第三師団の輸送能力は高かった。

九月一日、大本営は第五師団と第三師団を併せて第一軍を編成した。すでに八月三〇日に枢密院議長山県有朋大将は第一軍司令官に任命されていた。第一軍の目的は、清軍を朝鮮半島から駆逐することであった。しかし、第一軍、とりわけ第五師団の最大の問題であった輸送能力は改善されず、この後、漢城から北進して平壌、さらに鴨緑江をめざして行軍する際に、食糧不足で何度も足止めを余儀なくされた。

後述するが第一軍につづいて編成された大山巌大将が指揮することになった第二軍には、当初、第一師団、第二師団、混成第一二旅団（第六師団所属）が属した。これらの部隊は駄馬に加えて軍夫を多数雇う（各師団約八〇〇〇名の軍夫を雇用して、徒歩車両を引かせる）ことで輸送力を高め、また黄海海戦の後に日本から遼東半島まで直接に海上輸送されたので、第一軍ほど物資の輸送に苦しまなかった。

野津第五師団長の平壌攻撃決意

第一軍司令官の山県は九月四日に東京を発ち、広島を経由して一三日に漢城に入った。桂の率いる第三師団も同じ頃、仁川・漢城に到着した。九月一五日、山県司令官と桂第三師団長は漢城を発って北進を始め、その晩は碧蹄館《へきていかん》に泊まった。翌一六日、そこで平壌占領の報告を受け取る。野津道貫第五師団長は、山県軍司令官の命令を待たず、独断で平壌攻撃を行っていたのである。

一ヵ月ほど前の八月一九日、漢城に入った野津第五師団長は、先発していた大島義昌混成第九旅団長と協議して、平壌の清軍は「多くも一万四五千人」と推測し、日清の決着が付いていない状況で朝鮮政府は動揺しているので、第五師団を中心として早期に平壌を攻撃することが必要と判断し、少ない兵力で平壌を攻撃することを決意する。

野津師団長の立案した平壌攻撃計画は、次のような作戦計画であった。①混成第九旅団（大島旅団長）を義州《ウィジュ》街道から北上させ、正面から攻撃させる。②朔寧《さくねい》支隊（立見尚文《たつみなおふみ》第一〇旅団長）は東方から平壌に迫る。③第三師団から先発して元山に上陸した佐藤正《さとうただし》歩兵第一八連隊長の率いる部隊を元山支隊と命名し、北方から平壌を攻撃する。④野津師団長は師団主力を率い、十二浦で大同江《テドンガン》を渡河して平壌北西方面に回り込み敵の退路を断つ、というものである。この作戦は陸軍大学校の教官だったクレメンス・メッケル少佐から学んだ鉄道・運河などの交通機関が発達した欧州平原での会戦における分散と集中の原則を、地形が険しく輸送機関が不良な朝鮮で機械的に模倣したのである。

野津は八月三〇日朝、大本営に「余は来月一日より全師団を以て北進を始む、兵站の勤務最も困難なり増員を急ぐ」と報告した。第五師団の運搬能力が特に低いことはすでに指摘したが、この状況を無視して、野津と大島は強引に北進したのだ。

野津の陣中日記には、大島旅団長宛に「運搬の人夫及駄牛馬徴発に困難の時」は「兵卒を使役」せよと指示したことや（九月二日）、漢城と平壌の中間地点にある瑞興府《ソフン》での混成第九旅団の徴発状況について、朝鮮人は日本軍に対し頗《すこぶ》る冷淡で「我軍隊に対し瓦石を投」じることさえある、瑞興府使は逃亡したり面従腹背の態度をとり徴発が困難、混成旅団の前衛である一戸少佐の率いる大隊は牛馬も米も得ることができなかった、そのため大島旅団長が「本日中駄獣百頭米百五十石を徴発し渡さざるときは瑞興全市を焼却」すると瑞興府使を脅迫したことを、五日付の野津宛大島書簡で報告した（九月八日）などと記されている。朝鮮官民の敵意のなかを、第五師団が進んだことがわかる。

その結果、食糧は常に不足し、平壌の戦いの第一日目（九月一五日）朝、師団主力と元山支隊は米などの常食は持たず、携帯口糧二日分だけを持つのみであり、朔寧支隊は携帯口糧二日分と常食二日分を持っていたが、常食の中身は米ではなく「粟《あわ》・大豆混合」だった。他方で本街道の義州街道を前衛隊として前進し、食糧確保に比較的有利だった混成旅団は、常食二日分と携帯口糧二日分を確保していた。

携帯口糧は、堅焼きのビスケットかパンあるいは道明寺《どうみょうじ》糒《ほしいい》（水で戻す乾燥米飯）の主食と、缶詰・干魚・塩魚・佃煮《つくだに》など副食の組み合わせであった。城攻めは長期戦の可能性が高いにもかかわらず、日本軍は食糧不足のため長期戦は不可能である。そのような状況下での平壌攻撃は常識的には無謀であった。

一方の清軍の側は、平壌防衛の責任者である葉志超は戦意に乏しく、諸将の会合で撤退を提案したところ、左宝貴が怒りながら主戦論を主張したので、退却説は採用されなかった。さらに、李鴻章や光緒帝は守城ではなく出撃を督促したので、九月七日、七〇〇〇名が出撃した。だがその夜、中和《ジュンワ》府で清軍は同士討ちを演じ、迎撃戦は失敗し、士気は一層低下した。

日清の武器の差

平壌は大同江の右岸に位置する南北に長い城郭で、内郭と外郭があった。平壌城内郭の最北部の堡塁《ほるい》は乙密台で、その北側に第一堡塁から第五堡塁までが設けられ、北側の防衛線となっていた。外郭の最北部にある第一堡塁は牡丹台と称し、城壁で囲まれ、西側の玄武門からのみ侵入が可能な堅固な構造で、平壌の戦闘では牡丹台の攻防が焦点となった。城壁で囲まれた外郭の南部と西部にも多くの堡塁が設けられていた。さらに平壌の対岸、大同江左岸にもいくつかの堡塁が設けられ、臨時の舟橋が架けられて城内と左岸を連絡した。

清軍の兵力は約一万五〇〇〇、山砲二八門、野砲四門、ガトリング機関砲六門、攻撃側の日本軍は兵力約一万二〇〇〇、山砲四四門である。

日清戦争で使用された日本の大砲はイタリアから技術導入した七センチ青銅砲（口径は七五ミリ）で、最大射程は野砲で五〇〇〇メートル、山砲は三〇〇〇メートルだったが、有効射程はこれより短かった。欧州先進国では鋳造鋼鉄製の大砲が一般化していたが、日本の技術水準が低かったことと日本国内に銅資源が豊富にあったことから、性能がやや劣る青銅製大砲が採用されていた。道路事情の悪い朝鮮で戦うことを前提として、第五師団と第三師団の砲兵連隊は山砲編制（砲身が長く重い野砲を持たず、威力は弱いが分解して駄馬で運べる機動性の高い山砲のみ装備）であった。歩兵は単発の村田銃を使用した。

これに対して清軍は、ドイツのクルップ社製の鋳造鋼鉄製の野砲と山砲を、歩兵はドイツ製輸入小銃またはドイツ製小銃をモデルに国産化したものを使用し、なかにはドイツ製の新型連発銃を持つ者もあった。兵器のレベルは清軍が上で、平壌の戦闘では清軍の優秀な武器が効果的に使用されると日本軍は苦境に陥った。日清戦争では日本軍の兵器のほうが優秀だったという説があるが、これは明らかな誤りである。

激　戦――混成第九旅団の正面攻撃

日本軍は九月一四日までに平壌周辺に到着し、戦闘準備に入った。最も早く平壌に接近したのは混成第九旅団で、一二日には平壌から三キロ南方の大同江左岸の永済橋に達し、清軍と小規模な戦闘に入っていた。朔寧支隊は平壌の東北方向の国主峴付近で待機し、元山支隊は平壌北方の坎北山に露営した。師団主力は十二浦での大同江渡河に時間を要し、平壌の西方への到着が遅れた。

平壌の戦闘および混成第九旅団の攻撃と失敗については原田敬一の詳しい研究があるので、これに依拠して説明する（『日清戦争』および「混成第九旅団の日清戦争」）。

九月一五日、日本軍は平壌を三方から攻撃した。平壌の北西に回り込んだ師団主力は、平壌城の外郭南西突出部分にある安山堡塁の攻略を試みたが、清軍が砲撃と満州騎兵の突撃で対抗したので攻撃は失敗し、退却して翌日未明の攻撃準備に移った。

より具体的に見ていこう。一五日の主要な戦闘は、混成第九旅団による大同江左岸からの攻撃と朔寧・元山両支隊による北側からの攻撃であった。大島義昌混成旅団長は前日、立見

平壌の戦い（1894年9月15日）

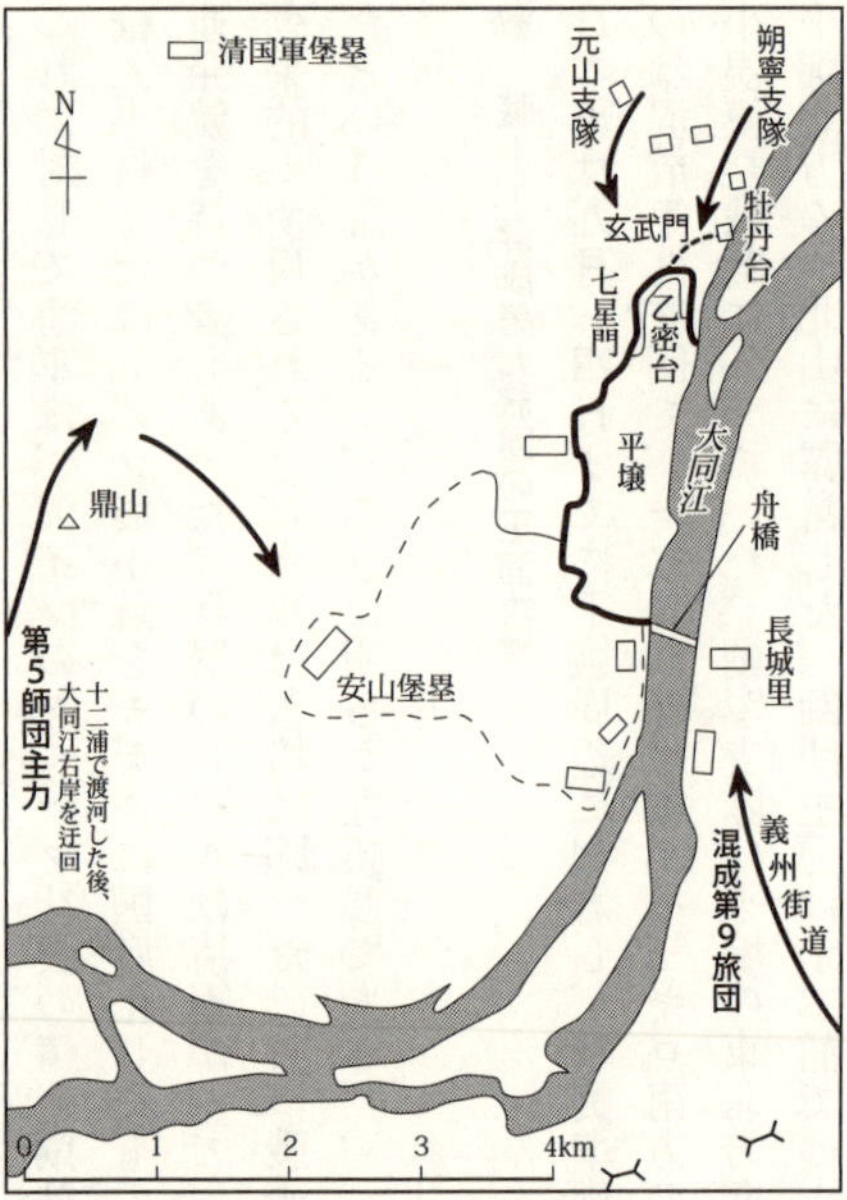

奥村房夫監修・桑田悦編『近代日本戦争史・第一編日清・日露戦争』（同台経済懇話会，1995年）を基に著者作成

尚文朔寧支隊長に連絡した際に、「明一五日午前八時前後には平壌に於て貴閣下と握手して天皇陛下万歳を祝せんことを期す」と豪語して、単なる牽制ではなく、混成第九旅団が中心となって平壌を占領することを期していた。成歓で清軍を破った大島は、清軍の実力を見くびっていた。

混成第九旅団は、九月一五日午前〇時頃から露営地を出発し、三隊に分かれて平壌左岸の舟橋の架かる渡河地点である長城里（日本側は船橋里と呼んだ）に向かい、午前四時過ぎに長城里南方の中碑街に達し、清軍の堡塁を攻撃した。三個ある堡塁のうち、一個は歩兵が午前五時に占領したが、残り二個の堡塁は堅牢で「機関砲及連発銃」で射撃して日本軍の前進を阻んだ。夜明けとともに混成第九旅団の砲兵隊は堡塁を至近距離から砲撃したが効果はなかった。さらに、対岸右岸の平壌城外郭に陣地を構えた清軍の砲兵隊から側面に猛射を受ける。混成第九旅団は歩兵・砲兵とも弾薬が尽き、食糧・水も不足した。銃剣突撃を試みた中隊もあったが効果はなく、一部の中隊は将校全員を失い戦闘力をなくす。

その日の午後、混成第九旅団は出発地点に向かって退却した。混成第九旅団の損害は、死者一三〇名、負傷者二九〇名、攻撃に参加した混成第九旅団の兵員の約一割が損害を被り、戦闘力は大幅に低下した。大島旅団長は師団長宛報告書に、「当旅団は自今十分の作戦力を備えざる」状態にあると書かざるを得なかった。

平壌占領と清軍の敗走

他方で、朔寧支隊と元山支隊は夜間に移動して、九月一五日の夜明け前に平壌城北側の堡塁に対して攻撃を開始した。第二堡塁から第四堡塁までの堡塁を午前七時頃までに次々と占領し、さらに両支隊で堅固な牡丹台を攻撃する。砲撃と歩兵の度重なる突撃により、午前八時頃、朔寧支隊は牡丹台を占領し、つづいて元山支隊の歩兵第一八連隊第六中隊が玄武門に入った。

このとき、原田重吉一等兵が玄武門を登り、これに小隊長の三村幾之助中尉と他の兵隊もつづいてよじ登って玄武門内に入り、門を内側から開けて第六中隊が門を占領した。この出来事は、平壌玄武門一番乗りとして各新聞が報道し、原田重吉の名前は玄武門の勇士として広まることになる。

外郭の牡丹台を占領し、つづいて内郭の北端にある乙密台を攻撃したが、空堀と堅固な城壁で防御された乙密台は抵抗を続けた。午前一一時頃、乙密台の南西の七星門から清軍の歩兵二〇〇名ほどが出撃し、箕子陵高地に展開していた元山支隊を攻撃した。その三〇分後、再度、七星門から一〇〇余名が出撃した。いずれも元山支隊が砲撃と銃撃で撃退したが、最初の出撃の先頭に立ち砲撃で即死した人物こそ、主戦論を主張していた左宝貴であったこと

平壌の戦い　山本松谷「平壌の役王師奮戦連に敵塁を抜く図」『日清戦争図絵 第3回』(『風俗画報』81号，1894年11月)

がのちにわかった。

左宝貴の死後も日本軍は乙密台を攻略できず、その場で宿営の準備に入った。ところが午後四時四〇分頃、突然乙密台に白旗が揚がった。そして、清軍は休戦後に故国に退却する、という内容の平安《ピョンアン》道《ド》観察使閔丙《ミンビョン》奭《ソク》の手紙を携えた朝鮮人が日本軍に来訪した。

朔寧・元山両支隊は夜間の入城を避けて、翌日の入城を期してその場で宿営した。その夜、雷鳴がとどろき雨が降るなかを、午後八時頃から清軍は隊列を組んで平壌を脱出して、途中で元山支隊に攻撃されたものの、多くは北方に逃走して中国領内に入っていった。師団主力は状況が飲み込めないまま、日付が変わってすぐの午前〇時三〇分から外郭の暗門と文陽関を強襲し、清軍の逃げ去った平壌を占領した。

平壌の戦闘で日本側の損害は死者一八〇名、負傷者五〇六名、失踪一二名であり、被害は平壌を正面から攻撃した混成第九旅団と乙密台の攻撃にあたった元山支隊が多かった。清軍は左宝貴以下約二〇〇〇名以上の死者を出し、六〇〇名以上が捕虜となった。清軍の死者が多かった理由は、脱出の際に元山支隊に攻撃されたからである。平壌を占領した結果、日本軍は大量の武器などを得たが、それよりも二九〇〇石の米、すなわち第五師団の約一ヵ月分の食糧に相当する米を得て食糧事情が改善したことのほうがその後の活動を考えると大きな価値があった。

戦闘経過を振り返ると、九月一五日の戦闘は日本軍に有利であったとは言えない。第五師団主力と混成旅団の攻撃は両方ともに失敗して一時撤退していた。北側から攻撃した朔寧支隊と元山支隊は城外の堡塁と外郭の牡丹台を占領したものの、乙密台の陣地に阻まれて内郭を占領できなかった。一六日以降も、弾薬と食糧を豊富に持っていた清軍が抵抗を続ければ、食糧補給に問題のあった日本軍が危機に陥った可能性もある。士気の低い清軍が敗走して自滅したため、日本軍は勝利を拾ったのだ。

きわどい勝利であったが、その政治的な意味は大きかった。日本国内では平壌の勝利が大々的に報道され、この一戦で清の勢力は朝鮮から追い出された。李鴻章は、実際は敗北したにもかかわらず、成歓の戦いでは勝利したと皇帝に報告した。しかし、平壌の敗戦の結果、彼は栄典を剝奪《はくだつ》され、李鴻章を弾劾する上奏が相次いだ。

II　黄海海戦と国内情勢

九月一七日の遭遇

制海権を握るため連合艦隊は北洋艦隊を探したが、艦隊決戦の機会はなかなか訪れなかった。

李鴻章は北洋艦隊を温存する方針で、丁汝昌提督に無駄な戦闘を避け、日本軍に渤海湾・黄海の海防線をたやすく侵犯させないよう命じていた。開戦後も黄海北部の制海権を確保できなかったので、大本営は第一軍所属の二個師団に対して、困難な陸路を通って平壌に向かうように命じた。

朝鮮への援軍である銘軍一〇営四〇〇〇名の大東溝（鴨緑江河口北岸の港）への輸送を援護した後、帰途についた清艦隊は九月一七日正午前に日本艦隊と接触した。両艦隊は午後〇時五〇分から戦闘に入り、日没にいたって戦闘は終了する。いわゆる黄海海戦である。

この戦闘に参加した艦船は、日本側は一二隻、約四万トン、清側は一四隻、約三万五〇〇〇トンである。

口径二一センチ以上の重砲は、日本側は一一門、清側は二一門で清が優位、軽砲は、日本側は二〇九門、清側は一四一門で日本が優位、艦船の平均速力は日本が優位であった。

なお、日本が無装甲艦が主力であったのに対し、清は装甲艦が主力であった。戦闘隊形は、日本側の単縦陣に対して、清側は攻撃力・防御力とも強力な定遠（旗艦）と鎮遠を先頭とする鱗次《りんじ》横陣であった。乗組員の練度や士気について日本側が勝っていたという意見があるが、清の水兵の士気は高かったという指摘もある。

勝利――過渡期の軍事技術と制海権確保

さて、戦闘の結果、清側は、経遠・致遠・超勇《ちょうゆう》が沈没、揚威《ようい》は座礁後に破壊された。日本側の速射砲は効果を発揮したが、定遠・鎮遠に対抗するため三景艦（松島・橋立・厳島）に装備された三二センチ砲は無用の長物であった。定遠・鎮遠はそれぞれ二〇〇発前後の命中弾を受け、定遠は火災を起こしたが、両艦とも戦闘力を維持し、日本艦隊の本隊と戦闘を続けた。

日本側は沈没艦はなかったが、松島・比叡・赤城が大きな被害を受けた。

黄海海戦の結果、軍事技術的な観点からは、それまで常識とされていた衝角《しょうかく》（ラム）による体当たり攻撃は時代遅れであること、小口径の速射砲は乗組員を殺傷するのに効果的であるが、装甲した大型艦の戦闘力を奪うことができないことが明らかになった。

黄海海戦　嶋崎柳塢「於太沽沖日清軍艦世界無比の激戦の真景」『日清戦争図絵 第2回』(『風俗画報』80号，1894年10月)

海戦は日本側の優勢で終わり、清海軍の戦力を完全に破壊することはできなかったものの、これ以後、清艦隊は威海衛《いかいえい》・劉公島《りゅうこうとう》の基地にとどまり、黄海の制海権は日本側に帰した。この結果、日本側による大同江以北・遼東半島への、陸軍兵力の海上輸送と物資輸送が可能となった。

九月に入ると大本営は広島に移ることになり、九月一五日、明治天皇が広島に到着した。その直後の一六日に平壌占領の、さらに二〇日に黄海海戦勝利の報が広島に到着した。新聞は、平壌の戦いと黄海海戦を日本軍大勝利として報道し、国民は熱狂、国民の戦争協力と政府支持の動きは次第に強まった。

開戦前には、政党は政府の弱腰な条約改正案を批判したが、七月一六日に調印、八月二七日に公布された日英通商航海条約について、対外硬派は多少の不満を示したが、新条約反対運動は起きなかった。

戦争は始まったばかりであったが、二つの戦勝によって安定した政治基盤を得た伊藤首相は、朝鮮問題や講和問題について考える余裕を持つようになっていた。

明治天皇と広島大本営

広島は、第五師団司令部が置かれた軍都であると同時に、近くに海軍の呉鎮守府・呉軍港が置かれ、広島市の南部には宇品という良港があった。また、神戸を始発とする山陽鉄道が日清戦争開戦直前の一八九四年六月に広島まで開通した。そのため、山陽鉄道とすでに開通していた東海道線・日本鉄道を使うと、仙台（第二師団所在地）・東京（近衛と第一師団所在地）・名古屋（第三師団所在地）・大阪（第四師団所在地）を経由して、青森から広島までが鉄道で結ばれ、軍隊の輸送が著しく効率化した。この結果、広島は、日清戦争では朝鮮・中国・台湾に向かう軍隊の出征基地となり、戦争の進展とともに東京から大本営が移される。

広島へ大本営を移すことは、九月一日、有栖川宮参謀総長の奏上で提起された。その理由は、交通・通信手段が不備な時代に、朝鮮さらに中国本土で予想される戦闘を、前線に近い場所で指揮する必要があるというもので、のちの直隷決戦を想定した大本営渡清論につながるものである。翌日、伊藤首相と明治天皇はこの問題について話しあい、八日には大本営を広島に進めることが、さらに翌九日には伊藤も供奉《ぐぶ》して広島に向かうことが決定した。

九月一三日、明治天皇と侍従長・宮相・参謀総長熾仁親王以下の大本営幕僚は、新橋から鉄道で広島に向かい、一五日夕刻一行は広島に到着した。広島大本営は、九月一五日から翌年四月二六日までの七ヵ月余り、広島城内の第五師団司令部に置かれることになる。二階建の第五師団司令部の一室が天皇の居室（御座所）にあてられた。二階にはこの他に、天皇用の御召替所・湯殿・厠《かわや》、侍従長・侍従の詰め所、大本営御前会議の軍議室があり、一階には大本営の各部局の事務室が置かれた。天皇は広島滞在中はこの一室で生活し、起床から就寝まで軍服を着用し、軍靴を履いていた。夜間の照明は宮城内と同じく燭台《しょくだい》を使い、冬期に暖炉設置を勧められても、戦地には暖炉はないと言って、手焙《てあぶ》りで暖をとった。ただし、広島の旧藩主浅野長勲《あさのながこと》の別荘である泉邸が「非常御立退所」とされ、こちらに滞在し、軍人などを招いて宴会を行うこともあった。

大本営御前会議

明治天皇が出席した大本営御前会議は実際に作戦を立案決定する場ではなく、多くは戦況報告を聞く場であった。このほかに天皇は出征、あるいは凱旋してきた将校を謁見したり、あるいは個別に戦地帰還者から戦況報告を聞き、各戦役ごとの戦利品や清軍捕虜を見ている。開戦前の天皇は対清戦争に消極的であったが、広島では次第に戦争指導に熱心となり、「成歓の役」、「黄海の大捷《たいしょう》」、「平壌の大捷」などの軍歌を詠み、これらを陸軍軍楽隊を呼んで演奏させたり、あるいは謡曲調の節を付け謡わせた。

このようななかで、次第に戦地に近い広島に親征し、大本営で率先して戦争を指導し、質素で不自由な暮らしを続け、戦場の将兵の労苦を思いやるという、「軍人天皇」像が形成され、国民の戦争協力と動員の契機となった。

そして「軍人天皇」像を補完したのが、皇后であった。皇后は女官を動員して自らも包帯を作り陸軍予備病院や戦地に送った。また戦傷などで手足を失った将兵に義足義手を下賜し、さらに自ら傷病兵を慰問した。一八九五年二月には東京陸軍予備病院に行啓《ぎょうけい》し、三月に広島を訪ねた折にも、広島陸軍予備病院の病室を回り兵士を慰問している。

日清戦争最中の総選挙

さて、第二次伊藤内閣は、一八九三年以降在野の反藩閥勢力、特に対外硬派の攻撃を受けて、第五議会と第六議会を連続して解散し、その結果、一八九四年には二度の総選挙が実施される異常事態となったことは、すでに第2章で触れた。第六議会は戦争が始まる直前の六月二日に解散したが、対外硬派はきたるべき総選挙に向けて、条約励行論から対清韓強硬論に議論の中心を移しながら政府を攻撃し、非藩閥内閣の実現をめざした。政府と在野の反藩閥勢力の対立は七月二五日の日清戦争開戦によっても解消しなかった。

対外硬派は、対清開戦の報が伝わると、伊藤内閣に代わって国民各層の支持を得た強力内閣を組織して戦争指導を行うべきだと主張した。対外硬派の代表的新聞であった徳富蘇峰経営の『国民新聞』は、七月三一日の社説で「国民的戦争」を行うよう主張している。

宣戦詔書が公布された後も、平壌の戦いと黄海海戦までの一ヵ月半の間、目立った戦闘がない状況のなか世論は苛立ち、不満が膨らんでいった。同じく対外硬派支持の議論を展開した陸羯南《くがかつなん》経営の『日本』は、八月二〇日の社説で、出兵後すでに三ヵ月が経過しているにもかかわらず、いまだに日清間で決戦が行われていない状況に強い不満を記し、次いで伊藤内閣への不信を表明した。

日清戦争最中の九月一日、第四回総選挙が行われた。政府に妥協的な自由党は一三議席を減じて一〇六議席となったが、第一党を維持した。対外硬派の諸政党は、立憲改進党は三議席減の四五議席となり、立憲革新党と国民協会は、それぞれ四〇議席、三〇議席と微増し、これら三党に大手倶楽部・財政革新会・中国進歩党を加えると、一四七議席となった。このほかに吏党と無所属が合計四七議席であった。

自由党が第一党を占めたものの、対外硬派各派が連合すると自由党を上回るという点では、選挙前と衆議院の状況は大きな変化はなく、対外硬派が無所属議員に積極的に働きかければ、衆議院の議員定員である三〇〇議席の過半数を取る可能性は高かった。第二次伊藤内閣にとって解散前と同様の厳しい議会対策が予想された。

この状況に対して、東京に滞在していた黒田清隆逓相と井上馨内相は、伊藤首相に対して、総選挙直後の臨時議会を大本営のある広島で開催し、同時に同地方に戒厳令を発して、政府を非難する対外硬派支持の新聞記者や政党関連の壮士連中の活動を制限することを提案し、これを伊藤も受け入れた。

九月二二日付で広島に議会を召集する天皇の詔書が発せられた。第七臨時議会は一〇月一五日に召集、会期は七日間とされ、たった一度の議会開催のために、第五師団西練兵場に木造平屋建ての仮議事堂が建設された。そして閣議と枢密院の審議を経て、一〇月五日、広島市内と宇品を臨戦地境と定める戒厳令が施行された。

第七臨時議会の広島開催

一〇月一八日、第七臨時議会が開催された。一八日には天皇が仮議事堂に臨席して開院式が行われ、翌一九日は両院議長が参営して、天皇勅語に対する貴族院・衆議院の奉答書を各々提出した。首相の演説は、一九日に貴族院、二〇日に衆議院で行われた。次いで渡辺国《わたなべくに》武《たけ》蔵相は、日清戦争遂行のために必要と見込まれる経費一億五〇〇〇万円を臨時軍事費予算案とし、この臨時軍事費予算案の財源として一億円の公債を募集すること、および臨時軍事費を一八九四年六月から戦争終結までの特別会計とすることを提案した。

これに対して衆議院は、即日、満場一致で臨時軍事費予算案と関連法案を可決し、翌日貴族院もまた満場一致で可決した。この後、衆議院は各会派が協議した結果、「征清事件及軍備に関する建議案」、「遠征軍隊の戦功を表彰するの決議案」、天皇の親征を奉謝する上奏案を可決した。

「征清事件及軍備に関する建議案」は、対外硬派の一翼を担う立憲革新党の柴四朗《しばしろう》ほか一五名が原案を提出したものである。同建議案は「挙国一致官民協和」して戦争を遂行することが必要であり、そのために「軍備の整理拡張」を図るべきであることを強調していた。対外硬派は従来の伊藤内閣の倒閣をめざす路線から、挙国一致して軍備を充実させて日清戦争を遂行する路線に方向転換したのである。臨時議会は予定の会期は七日間であったが、わずか四日間で波瀾もなくすべての審議を終えて、一〇月二二日閉会する。

一八九〇年開催の第一議会から九四年開催の第六議会までの初期議会では、藩閥政府提出の予算案に対して民党側が政費節減・民力休養を主張して削減を加え、次いで対外硬派の諸政党が連合して、条約改正問題で政府を攻撃したので、政府と衆議院は激しく対立し、解散と総選挙が繰り返された。しかし、日清戦争下で、大本営の置かれた広島で開催された第七議会では「挙国一致」が実現し、政府と衆議院の関係は、対立から提携に比重を移しつつ、新たな段階に入っていった。

III　甲午改革と東学農民軍の殲滅

甲午改革――親日開化派政権の試み

ここで、目を戦争の舞台となった朝鮮のほうに移してみよう。

一八九四年七月二三日、大島公使は混成第九旅団に朝鮮王宮を占領させて国王高宗を「擒」にすると、翌日には大院君を摂政とし、閔泳駿などの閔氏派を追放した新政権を作った。さらに二五日の豊島沖海戦で日清が戦闘状態に入ると、二七日に穏健開化派の金弘集を首班とする親日開化派政権を樹立させる。

この政権は国政全般について審議、決定する権限を持つ軍国機務処を設置し、金弘集は軍国機務処総裁をも兼ねて改革を行う。そこでは、開化派の金允植・魚允中・兪吉濬《ユギルチュン》・金嘉《キムガ》鎮《ジン》・安駉寿《アンギョンス》などが軍国機務処議員として中心的役割を果たした。この改革は甲午改革と言われるが、一八九四年七月の金弘集政権成立から、九六年二月の国王の露館播遷《はせん》によって同政権が崩壊するまでの間に試みられた諸改革のことである。

甲午改革は朝鮮近代化の基礎となる自主的改革の面と日本に従属して日清戦争遂行に協力する面という、二つの側面を持つことがいままで指摘されてきている。

甲午改革では、甲申政変の頃から存在した開化派の自主的改革プランの実現をめざして、宮中と政府の分離の実現、近代的な政治制度改革、科挙廃止と新たな任用制度導入、封建的な身分制度と家族制度の改革、財政一元化・租税金納化・通貨改革などの財政改革、清への従属関係の廃止などのさまざまな改革案が提起された。

一方で、大鳥公使が求めた、日本人顧問官・軍事教官の招聘、日本通貨の国内流通容認、防穀令禁止などを受け入れた。さらに日本側の要求により、八月二六日に朝鮮が日本の戦争に全面的に協力することを内容とした大日本大朝鮮両国盟約に調印した。日本軍はこの盟約に基づいて、朝鮮側に食糧と軍事物資運搬のための人夫と牛馬の提供を強要した。

このように甲午改革は日本に従属し、日本の行う対清戦争に協力する側面を強く持っていたので、開化派以外の朝鮮人の反発を呼んだ。保守的な政治勢力、とりわけ摂政の大院君は開化派主導の改革に強い反感を持ち、一方で清軍と連絡し、あるいは東学農民軍と連絡して、のちには刺客まで使って開化派政権を打倒しようとする。また東学農民軍を含めた朝鮮の民衆は、日本に従属して戦争協力の負担を押しつけた開化派政権とその改革案に反対した。

井上 馨

井上馨公使赴任と朝鮮の保護国化

日本政府が列強に示した日清戦争の開戦理由は朝鮮の「内政改革」であった。そのため伊藤首相は内政改革で成果を挙げる必要を感じ、大鳥公使では力不足なので、盟友の井上馨に内相を辞職して官職としては一等下がった朝鮮駐在公使に就任することを依頼した。伊藤は、元勲であり、元外相として朝鮮問題に詳しい井上が首相級の大物公使として朝鮮の改革を行うことを期待したのである。

平壌の戦い、黄海海戦の一ヵ月後、井上は一〇月一五日、朝鮮駐在公使に任命され、二七日に漢城に到着した。着任当初、井上は朝鮮政府内の開化派や国王側近と接触して反日的な態度を明確にしていた大院君勢力に対抗し、そのうえで一一月二〇日と二一日の両日、国王に面会して大院君の摂政罷免を要求するとともに、内政改革要綱二〇ヵ条を奏上して、新たな改革を迫った。さらに王妃の閔妃が政治に介入することも禁止した。

一二月には朝鮮政府が改造され、これまで改革を担ってきた軍国機務処は廃止、政治の実権は新設された内閣に移り甲申政変の首謀者として追放されていた急進開化派の朴泳孝、徐光範がそれぞれ内務大臣、法務大臣として入閣した。彼ら急進開化派、特に日本に亡命していた朴泳孝はより親日的であると期待されたからである。さらに井上は四十数名の日本人顧問の雇用を要求し、彼らを中心に内政改革を実行させるとともに、電信・鉄道などの利権を獲得し、朝鮮の実質的保護国化を図ろうとした。

第二次農民戦争――反日・反開化派

話は少し戻るが、一八九四年六月一一日朝鮮政府との全州和約を結んだのち、東学農民軍は全羅道各地に散って各邑《むら》で自治を行った。慶尚道や忠清道でも東学勢力が強い地域では同様に自治が行われ、これを朝鮮史研究者は都所体制と称する。都所とは各邑に置かれた農民軍自治本部のことで、時には自治責任者本人を意味する場合もあった。そのなかで全琫準は農民軍自治の責任者として各地を大都所という職名を帯びて巡回した。

都所体制下で農民軍は国法を尊重しながらも、改革政治を進めた。平等主義と平均主義を実現するため、奴婢《ぬひ》・賤民《せんみん》の解放や雑税の廃止、横暴な両班・富民などへの懲罰、借金棒引き、小作料納入停止、民衆側に立った各種訴訟処理がその具体的内容である。農民軍には富農や多くの小農が参加していたが、多くは農繁期のために帰郷する。そのため農民軍の主体は貧農・無産者・賤民などに移り、自治と改革の急進化が進んだ。下層民の活動は農民軍の無頼化と紙一重であった。そしてこのような事態を、全琫準も在村地主（郷班）出身の東学指導者も憂慮していた。

新たに政府の全羅道観察使となった金鶴鎮《キムハッチン》も農民軍の無頼化を見過ごせなかった。しかし金観察使はわずかな軍事力しかなく、七月と八月に二度にわたって全州で全琫準と会談した結果、治安機構として執綱所を設置し、農民軍に治安維持を委ねようとした。全琫準はこれを受け入れたが、南接《なんせつ》（全羅道を中心とする東学の組織）の指導者のなかでも全琫準に次ぐ実力を持っていた金開南《キムゲナム》は執綱所設置を最後まで拒んだ。

東学農民軍、そして全琫準は大院君が摂政として執政の座についたことを支持し、期待していた。一方、大院君は開化派政権の政策を敵視し、開化派政権が日本の傀儡《かいらい》に過ぎないと考えていた。大院君は農民軍に密使を送る。そこで大院君は農民軍の北上を促し、平壌の清軍と協力して日本軍を挟撃せよと伝えた。

さらに九月一五日の平壌の戦いの後になると、大院君は国王の密書を偽造して、農民軍の再蜂起を促した。これを受け取った全琫準は秋の収穫が終わるのを待って一一月上旬に再蜂起する。このとき、全琫準は全羅道観察使金鶴鎮の協力を得ており、金鶴鎮は農民軍の食糧や武器の入手に便宜を図った。

この第二次農民戦争は、第一次農民戦争の反閔氏政権から、その目的を反日と反開化派政権に変えていた。そして、全琫準や農民軍は自らを「忠君愛国」の義兵と称していた。

第一次農民戦争では東学教祖の崔時亨は武力蜂起に反対であったが、第二次農民戦争の際に全琫準は北接《ほくせつ》（忠清道を中心とする東学の組織）に共同出兵を呼びかけ、一部の北接は呼びかけに応じている。しかし、北接と南接の争いは第二次農民戦争期間中も続いた。一方、第二次蜂起では第一次と比べ農民軍の規模は大幅に拡大した。全琫準の部隊は再蜂起時点で四〇〇〇名ほどであったが、北上して忠清道公州に到着したときには四万人に達していた。

東学農民軍へのジェノサイド

当時、まだ公使の職にあった大鳥は陸奥外相と協議しながら、日本軍を派遣して朝鮮軍に協力し、東学農民軍を鎮圧しようとした。一〇月下旬、開化派の指導する朝鮮政府は東学農民軍を鎮圧するために両湖巡撫営を設置し、申正熙《シンチョンヒ》を都巡撫使に任命した。

井上馨が公使として漢城に到着した一〇月二七日、井上は大本営の伊藤首相に対して東学農民軍鎮圧のために五個中隊を至急派遣するよう要請した。これを受けて、大本営では漢城守備隊として後備歩兵第一八大隊（三個中隊）を派遣し、これに加えてさらに三個中隊を派遣すると返答した。後の三個中隊は、日清開戦とともに四国出身の後備兵を動員して松山で編成され、下関海峡の彦島《ひこしま》守備隊として勤務していた後備歩兵第一九大隊（南小四郎《みなみこしろう》少佐）であり、朝鮮派遣後、第二次農民戦争に蜂起した東学農民軍を攻撃した中核部隊となる。

日本軍は朝鮮軍と共同して東学農民軍を鎮圧する作戦を発動した。この作戦の中心であった後備歩兵第一九大隊は、一一月一二日に漢城郊外の龍山駐屯地を出発して、三路に分かれて南下し、このほかにも若干の後備兵の部隊が援軍として派遣された。作戦は忠清道と全羅道の東学農民軍を包囲殲滅《せんめつ》して、全羅道西南部に追い込んで二度と蜂起させないことを目的としていた。

当初の作戦期間は二九日間で、一二月九日には作戦を終了して、全軍が慶尚道洛東に集結する予定であった。日本軍以外に、朝鮮側は中央軍二八〇〇名のほかに、各地域の地方営兵と甲午農民戦争に対応するために組織された民兵である民堡軍が参加した。朝鮮側が兵数で上回っていたが、指揮権は日本軍が掌握していた。

東学農民軍との大規模な戦闘は、忠清道の公州城に入った第一九大隊第二中隊と朝鮮政府軍を、北接と南接の東学連合軍が一一月二〇日に攻撃したことから始まった。二次にわたる公州の戦闘は一二月七日まで続き、農民軍は数に勝っていたにもかかわらず、ライフル銃(スナイドル銃)を装備した日本軍の前に多数の犠牲者を出して敗北した。

この後、日本軍と朝鮮軍の連合軍は、忠清道の各地で勝利をおさめ、全羅道に侵入した。東学南接の指導者である金開南、全琫準、孫化中《ソンファチュン》が次々と捕らえられ、日本軍は東学農民軍を全羅道西南部に追い詰めて、海軍の協力も得て徹底的に殲滅した。

第２次農民戦争の鎮圧に向かった日本軍の進路
（1894年11月～95年２月）

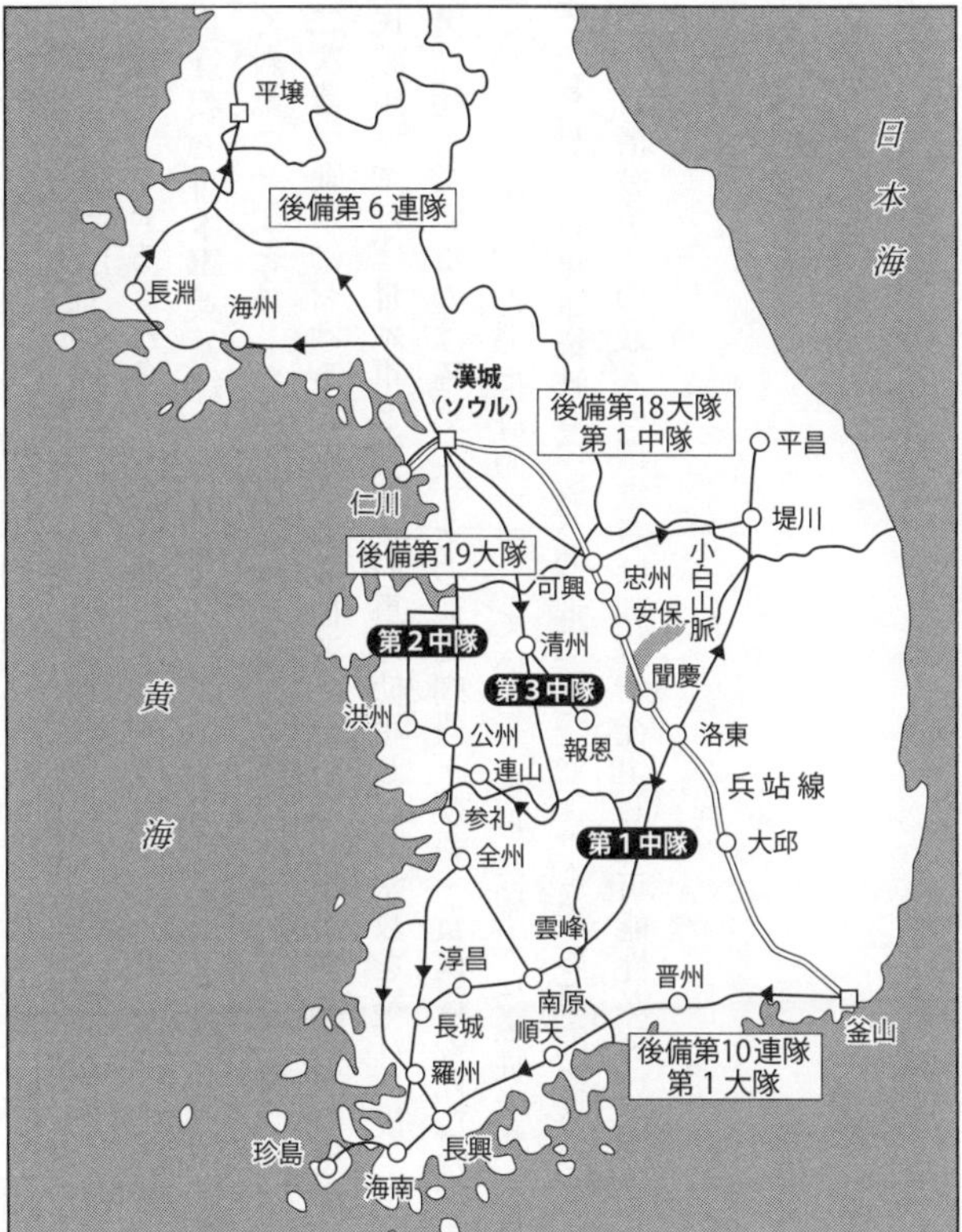

中塚明・井上勝生・朴孟洙著『東学農民戦争と日本――もう一つの日清戦争』（高文研，2013年）を基に著者作成

作戦は当初の予定を二ヵ月近く延長して一八九五年二月末まで続けられた。南大隊長は作戦終了後の「東学党征討略記」という講話録のなかで、井上馨公使と仁川兵站監伊藤中佐の命令を受け、できるだけ多くの東学農民を殺す方針をとったと述べている。これは東学農民軍の再蜂起と日本軍兵站線への攻撃に対して、大本営の川上操六兵站総監が東学農民軍を「悉《ことごと》く殺戮《さつりく》」せよと命じたのと軌を一にしている。

第二次農民戦争における農民軍の犠牲者について、趙景達『異端の民衆反乱――東学と甲午農民戦争』では、日本軍と朝鮮政府軍の使用した弾薬数を挙げた後、全体の犠牲者は三万名を優に超えていたのは確実で、その他に刺殺・撲殺・負傷後の死亡などを加えると、五万に迫る勢いである、との推計値を示している。さらに確実な犠牲者数(日本軍と朝鮮政府軍の両者が殺害した農民軍犠牲者の数)の推定については今後の研究に待つ部分が残されているものの、日清戦争での最大の犠牲者は朝鮮で発生した可能性が強いのである。

第4章　中国領土内への侵攻

I　第一、第二両軍の大陸侵入

第一軍の北進と清軍の迎撃体制

一八九四年九月半ばの平壌占領後、野津第五師団長は師団を二分して、第一梯団《ていだん》（立見尚文歩兵第一〇旅団長）を安州《アンジュ》付近に北進させ、師団主力の第二梯団を平壌に駐留させた。平壌以北は、清軍が略奪した後で、食糧確保が難しいと考えたためである。

第一軍に所属するもう一つの師団である第三師団は、大迫《おおさこ》支隊（先発して平壌の戦いに参加した元山支隊を除く、歩兵第五旅団）が元山に上陸して平壌をめざし、第三師団主力（歩兵第六旅団基幹）は桂師団長とともに漢城から義州街道を北上して、九月末までに平壌に到着した。

山県有朋第一軍司令官は九月二五日平壌に到着し、清軍が鴨緑江・遼東半島付近に集結しつつあるとの情報を得て、速やかに鴨緑江に向け前進することを決意。一〇月一日に第一軍の北進を命じた。第三師団は一〇月三日に平壌を出発し、第五師団は五日に平壌を発って北進を始めた。ところが途中で食糧の輸送が困難になり、先遣部隊の食糧が不足する事態となったため、六日には、山県軍司令官は前進を一時中止して兵士を食糧の運搬に使用することを命じてその改善を図り、一四日に前進を再開させた。

翌日には軍司令部は安州に達し、そこで大本営からの電報を受け取った。その電報には、旅順半島の占領を目的とする大山巌大将の第二軍が組織されて一〇月下旬に海路遼東半島に輸送されるので、第一軍は「其前面の敵を牽制し、間接に第二軍の作戦を援助する」ことが指示されていた。

その後第一軍は、一〇月一七日に先頭の第一〇旅団が鴨緑江南岸の義州を占領し、残りの主力も二二日には義州南側の地域に到着した。

日本陸軍の第一軍が鴨緑江に迫ったとき、清軍の迎撃態勢は次のようであった。

清政府は旅順に駐屯していた宋慶《そうけい》（四川《しせん》提督）に対して、指揮下の毅《き》軍を率いて朝鮮領義州の対岸にある九連城《くれんじょう》に赴き、劉盛休《りゅうせいきゅう》（銘字軍総統）や葉志超（成歓・平壌からの敗兵約一万名を指揮）と九連城防衛について協議するよう命じていた。さらに黒龍江《こくりゅうこう》将軍依克唐阿《いくとうあ》

日本軍の朝鮮・清本土内への侵攻図（1894年 6 月～95年 3 月）

出典：海野福寿『日清・日露戦争』（集英社，1992年）を基に著者作成

（満州人、イクタンガ）にも九連城に行くよう指示した。

宋慶と依克唐阿が鴨緑江防衛の責任者となり、九連城には宋慶を総指揮官として約一万八〇〇〇名、砲七三門が陣地を構築し、また徒歩で鴨緑江を渡ることのできる約一五キロ上流の水口鎮《すいこうちん》対岸には依克唐阿の指揮する五五〇〇名、砲八門を配備して防御した。宋慶はさらに九連城の正面の虎山《こざん》に前進陣地を築いて防御を固めた。この虎山前進陣地の攻防が、鴨緑江渡河作戦の焦点となった。

鴨緑江渡河作戦

第一軍は九連城攻撃を一〇月二五日に実施しようと計画した。その準備として、二四日、佐藤支隊（第三師団歩兵第一八連隊主力）が水口鎮付近で浅くなっている鴨緑江を徒歩で渡り、対岸の敵（依克唐阿指揮の部隊）を攻撃して牽制するとともに、同日夜間には虎山前面の鴨緑江に軍橋を渡そうとした。架橋材料不良のために時間を要したが、二五日午前六時頃ようやく完成した。

一〇月二五日朝、第三師団の歩兵第五旅団（大迫尚敏《なおはる》少将）が軍橋と民間の舟を使って鴨緑江を渡河し、約七〇〇〇名の兵力で虎山の前進基地を攻撃した。これに対して虎山の清軍守備隊は反撃し、さらに聶士成部隊、劉盛休の銘字軍および宋慶直轄の毅軍、馬玉崑《ばぎょくこん》などの部隊が応援に駆けつけたので、第五旅団は苦戦に陥った。

第五旅団の状況を見て、立見第一〇旅団長（第五師団所属）は、指定された渡河順番を繰り上げて指揮下の第一二連隊・第二二連隊を渡橋させて、虎山の清軍を攻撃し、さらに靉河《あいが》を渡って九連城東北の楡樹溝《ゆじゅこう》を占領した。この後も、虎山北方では激戦が続き、第六連隊（第三師団歩兵第五旅団所属）は一時危機に陥ったが、援軍を得て虎山北方の栗子園《りっしえん》を占領した。この夜、清側の総司令官宋慶は毅軍を率いて北方の鳳凰城方面に退却し、これを知った清側の諸隊も撤退した。

一〇月二五日夜、第五師団の第一〇旅団は九連城北東の馬溝と虎山に露営し、第三師団はさらにその東北方向の葦子溝から栗子園方面に露営した。つまり、第三師団は右翼・東側に、第五師団は左翼・西側の九連城側に宿営していた。第一軍司令部は二六日の攻撃では、軍事物資の輸送能力が比較的優れている第三師団を北進させて鳳凰城方面に向かわせ、軍事物資の輸送能力に欠陥のある第五師団に九連城を占領させ、さらに西方の安東県と港のある大東溝に向かわせて、日本からの海運を利用することで輸送力不足を補わせようと考え、そのような命令を伝達していた。

桂師団長・立見旅団長の独走

ところが第一線の指揮官たちは、すでに独断で軍司令部の考えとは違う行動を取っていた。無線電信のない時代であり、戦闘中で電信線も前線まで到達していなかったので、戦闘中に前線司令官はいちいち軍司令部に連絡して指示を仰ぐことができなかった。そのため前線指揮官の独断が必要となる。

立見第一〇旅団長は九連城にすでに敵がいないことを知ると、奉天街道上を北方に向けて敵を追撃することを決意した。一方、桂第三師団長は九連城の清軍が退却したことを知ると、独断で第三師団主力を西方に転回させて安東県に向かった。そのため、九連城の北方で第一〇旅団と第三師団主力は交叉することになる。これらの行動は第一軍司令部の作戦計画に反しており、特に桂の行動は異例であった。

桂の行動について徳富猪一郎（蘇峰）編『公爵桂太郎伝』は、桂は第一軍司令部の命令通り北進して鳳凰城方面に向かえば、第三師団は遼東半島警備を担当することになって直隷決戦に参加できないと考え、第三師団を直隷決戦に参加させるために、第一軍司令部命令に反して師団を西方に転回させて安東県に向かった、そのため「軍司令部から睨《にら》まれ、一時は立場もない位」（日清戦争当時の第三師団参謀長木越安綱《きごしやすつな》談）であったと記している。

桂の常軌を外れた命令無視の行動は、山県をはじめとする第一軍司令部の顰蹙《ひんしゅく》を買い、

日本軍の遼東半島・山東半島への侵攻図

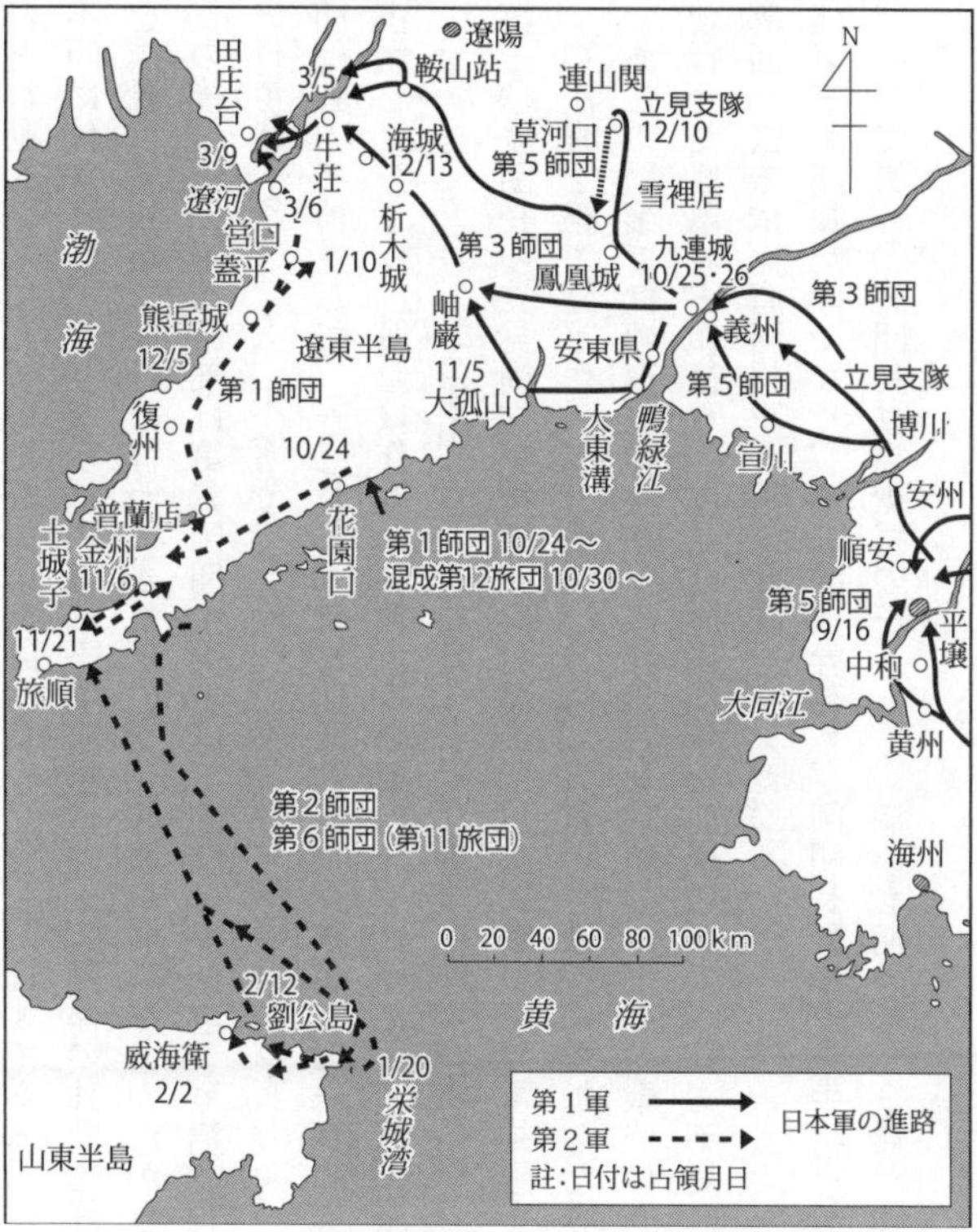

出典：桑田悦他編『日本の戦争』（原書房，1982年）を基に著者作成

山県と行動をともにしていた野津第五師団長も立腹したはずである。しかし、桂の命令無視は不問に付された。なぜなら、山県は平壌攻撃について野津の独断を許し、野津も朝鮮で補給を無視して独断で作戦を行ってきたという、共通の弱みがあったからである。

この後、第一軍司令部は第五師団主力と第三師団より抽出して編成した混成第五旅団（大迫少将指揮）をもって、宋慶が逃げ込んだ鳳凰城を攻略しようとした。ところが立見第一〇旅団は独力で前進して、一〇月二九日に前衛の騎兵大隊が、三一日に本隊が鳳凰城に入城して占領してしまう。鳳凰城作戦に参加する必要のなくなった大迫混成旅団は、西進して大東溝（一〇月三一日）と大孤山《たいこざん》（一一月五日）という重要な港を占領した。

第一〇旅団長の立見尚文少将は元桑名藩士で、戊辰戦争では雷神隊を組織して官軍と戦った。司法官を経て陸軍に入り、西南、日清、日露の各戦役に参加した戦術家、戦争上手の将軍である。平壌では朔寧支隊を率いて牡丹台を攻略した平壌の戦いの立役者でもあった。独断で行った鳳凰城占領後も、立見は所属部隊を前進させて、兵力不足に悩みながらも、鳳凰城奪回を図る依克唐阿将軍の軍と激戦を交えた。

桂第三師団長だけでなく、第五師団幹部も、師団長野津道貫中将、第九旅団長大島義昌少将、そして第一〇旅団長立見少将の三人とも、揃いも揃って、全員が独断と独走の軍人であった。

第２軍（編成当初）

大山 巌大将　司令官

〈第１師団〉山地元治中将	第１旅団（乃木希典少将）
	第２旅団（西寛二郎少将）
〈第２師団〉佐久間左馬太中将	第３旅団（山口素臣少将）
	第４旅団（伏見宮貞愛親王少将）
〈第６師団〉黒木為楨中将	第11旅団（大寺安純少将）1895/１/30戦死
	混成第12旅団（長谷川好道少将）

第二軍の編成――旅順半島攻略へ

第3章で記した通り、平壌の戦いと黄海海戦の戦勝報告が到着すると、大本営は直隷決戦の根拠地とすることを目的とする旅順半島攻略作戦を行えると判断して、九月二一日に第二軍の編成に着手した。

第二軍は、すでに野戦師団・兵站部とも動員が終わっていた第一師団（東京・山地《やまじ》元治《もとはる》中将）と混成第一二旅団（第六師団所属・小倉・長谷川《はせがわ》好道《よしみち》少将）を合わせてまず編成された。これらを遼東半島に送り、金《きん》州《しゅう》を攻略し、そのうえで「永久防御の設備」を持つ旅順（旅順は当時、旅順口と呼ばれていたが、本書は旅順に統一した）を攻略するために、第二師団（仙台・佐久間左馬《さくまさま》太《た》中将）を動員するとともに、臨時攻城廠（カノン砲一六門・臼砲《きゅうほう》一四門からなる）を編成して派遣するという計画である。

九月二五日に陸相大山巌大将を第二軍司令官に任命し、一〇月八日付で「第一軍と互に気脈を通じ、連合艦隊と相協力し、旅順半島を占領」することを命じた。

大山陸相の出征後は、西郷従道海相が陸相を兼務したが、陸軍省の実務は児玉源太郎《こだまげんたろう》陸軍次官が掌握した。児玉は大本営御用掛を兼ねて、人や馬の動員関係業務および外征作戦の展開に必要な複雑な兵站業務を、川上操六参謀次長（兵站総監を兼務）や親友の寺内正毅《てらうちまさたけ》参謀本部第一局長（大本営運輸通信部長を兼務）と連絡しながら運用した。

当時、大本営の陸軍部の実力者は、川上、児玉、寺内であり、彼らが日清戦争の陸軍実務を取り仕切ったと言える。しかし、戦場に出征していた軍司令官（山県第一軍司令官と大山第二軍司令官）と師団長たち（野津第五師団長、桂第三師団長、山地第一師団長、その後、佐久間左馬太第二師団長と黒木《くろき》為楨《ためもと》第六師団長も出征）は、川上や児玉よりも先任あるいは同輩の軍人であり、しかも戊辰戦争と西南戦争の実戦体験を誇っていたので、大本営の指示に必ずしも従順ではなかった。

無謀な旅順攻略計画

第二軍の先陣として先発した第一師団の上陸地点は、遼東半島の花園口《かえんこう》とされ、一〇月二四日から三〇日の間に、三次に分かれて清軍の抵抗を受けることなく上陸した。上陸後、第一師団は金州城を占領し（一一月六日）、つづいて大連湾の諸砲台を占領した。混成第一二旅団も一一月七日に上陸を完了し、第二軍の第一陣が金州城周辺に集結した。

金州占領後、第二軍司令部は情報収集を行った結果、旅順防衛の清軍兵力は、本来の守備兵と金州・大連湾の敗残兵を合わせて合計一万二〇〇〇名、新規募兵が多く戦闘能力は低いこと、同時に金州北方の復州《ふくしゅう》方面から大同軍と銘字軍が金州回復の命を受けて接近しているとの情報を得た（旅順陥落後、旅順守備兵は一万三〇〇〇名余と修正した）。この情報を分析して、大山第二軍司令官は第二師団を呼び寄せる前に、第一師団・混成第一二旅団と臨時攻城廠（一一月一五日大連湾到着予定）でただちに旅順攻撃を行う決心をする。

このとき、第二軍の総数はおよそ三万五〇〇〇名余、そのうち戦闘力のない軍夫が一万名以上を占めていたと思われる。軍夫は主に兵站部隊で働いたが、第一師団と臨時攻城廠では、少なくない人数の軍夫が野戦師団や臨時徒歩砲兵連隊のなかで活動していた。第二軍の兵力は、軍夫を除くと旅順防衛軍の約二倍に過ぎない。このなかから、後方の守備隊と支援部隊を除くと、旅順攻撃に参加する戦闘可能な員数はさらに減る。この程度の兵力で、北方から金州奪回を狙う清軍を牽制しながら、堅固な旅順要塞を攻撃することは、無謀とさえ言える大胆な作戦計画であった。

II 「文明戦争」と旅順虐殺事件

欧米の目と戦時国際法

日本政府は八月一日付で発した「清国に対する宣戦の詔」で、戦争目的として朝鮮の内政改革実施と独立の保障をあげるとともに、戦争を戦時国際法を遵守して行うことを宣言していた。日英通商航海条約の調印（七月一六日）後も、イギリス以外の不平等条約締結国との条約改正交渉を控えた日本政府は、日清戦争という舞台で日本軍が戦時国際法を遵守した「文明戦争」を行う能力を持つことを示すことで、日本が文明諸国の一員であることを欧米諸国に宣伝し、条約改正交渉促進の手段とできると考えていた。

また民間人でも、福沢諭吉は日清戦争を文明国である日本と野蛮国である清の戦争、すなわち「文野の戦争」であると論じ、『時事新報』紙上で戦争支持を表明するとともに、自身も軍事献金組織化の先頭に立つなど、積極的に戦争に協力した。国民もこれらの主張を受け入れ、「文明戦争」論や「文野の戦争」論は国民のナショナリズムと戦争協力を促進する役割を果たした。

このように日清戦争では戦時国際法遵守が大前提であり、そのためにさまざまな準備がなされた。開戦時の陸相であった大山巌は、一八八六年に敵味方を問わず戦傷者を保護することを取り決めた赤十字条約（ジュネーヴ条約）に日本政府が加盟するのに参画した経験を持ち、国際法遵守に最も意欲的な陸軍首脳であった。大山は開戦詔書の国際法遵守の文言を承けて、「戦は国と国との戦にして、一個人互の恨あるにあらず」で始まる赤十字条約遵守を命じた陸相訓令を発し、出征する兵士に印刷した訓令を持たせた。

第二軍が組織されたとき、法律顧問として有賀長雄《ありがながお》が従軍し、大山第二軍司令官と相談しながら、軍夫の武器携帯禁止や中国民間人よりの徴発規則などを制定して、戦時国際法を日清戦争に適用しようとした。

第一軍には法律顧問の従軍はなかったが、桂第三師団長は長年のドイツ留学の体験があったので、戦時国際法の知識を持っていた。

海軍には法科大学教授穂積陳重《ほづみのぶしげ》の推薦で高橋作衛《たかはしさくえ》が法律顧問として旗艦松島に乗り組んで、国際法問題の処理にあたった。

有賀も高橋も戦争が終わると、陸海軍の資料を持参してフランスとイギリスに渡り、有賀はフランス語で『日清戦役国際法論』（日本語訳は哲学書院、一八九六年）を、高橋はケンブリッジ大学出版会から『日清戦争における国際法事例』（*Cases on International Law during the*

Chino-Japanese War, 1899）を出版して、日清戦争で日本軍が国際法を遵守したと主張し、併せて豊島海戦の際の高陞号撃沈事件や次の旅順虐殺事件などの国際法違反の疑惑を持たれる事件の弁明にあたった。

旅順要塞攻略作戦

第二軍は、一一月一四日、金州を出発して旅順に向かった。最初の戦闘は、一八日に土《ど》城子《じょうし》と双台溝《そうだいこう》の間で、秋山好古《あきやまよしふる》少佐の率いる捜索騎兵が清軍に攻撃を受けたことから始まった。このとき、死者一一名、負傷者三五名を出して日本軍は後退した。翌日、戦場に遺棄された日本軍の死負傷者は、首や手足などを切断された状態で発見される。

一一月二〇日には日本軍は旅順背面の清側防御線に達した。旅順では行政責任者の龔照《きょうしょう》璵《よ》道台《どうだい》ならびに軍隊指揮官の黄仕林《おうしりん》・趙懐業《ちょうかいぎょう》・衛汝成《えいじょせい》の三統領が逃亡したが、姜桂題《きょうけいだい》・徐《じょ》邦道《ほうどう》・程允和《ていいんわ》・張光前《ちょうこうぜん》らの諸将は依然防衛に努めていた。旅順を防衛する砲台は海側防備と背面防備に分かれる。北洋海軍の軍港・艦船修理用ドックを守るため海側には永久築城の砲台群が並び、重砲五八門、軽砲八門、機関砲五門が設置されていた。

陸側からの攻撃を防ぐための背面防備は仮築城であったが、北側から旅順に入る旅順街道の東側に、松樹山・二龍山・東鶏冠山などの諸砲台が、街道西側には案子山砲台群があり、

旅順要塞攻略図（1894年11月21日）

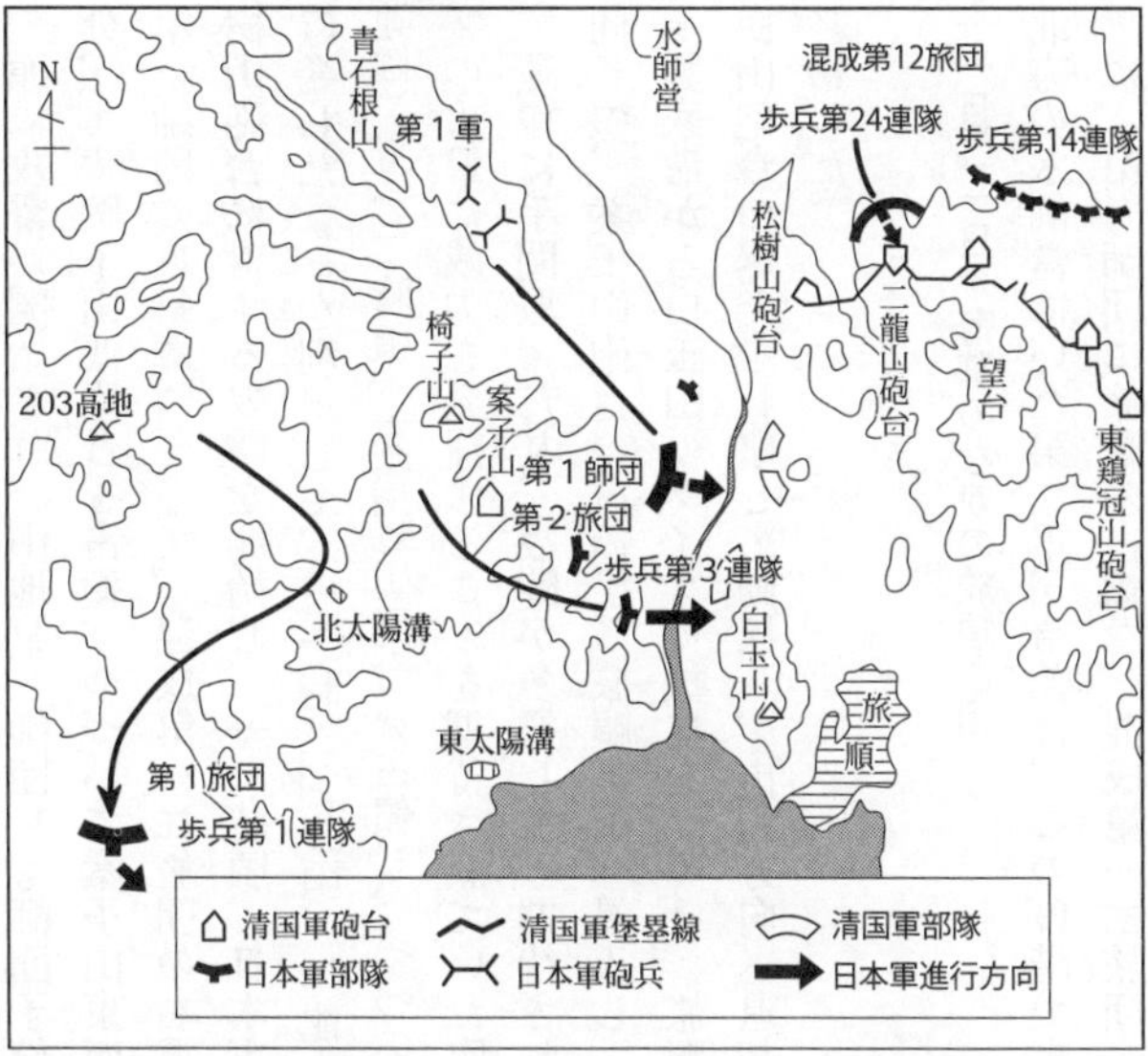

奥村房夫監修・桑田悦編『近代日本戦争史・第一編日清・日露戦争』（同台経済懇話会，1995年）を基に著者作成

重砲一八門、軽砲四八門、機関砲一九門を備えていた。海側に比べて背面の防御は未完成で、防御の弱点は街道西側の案子山砲台群であった。また東西の背面砲台群の中間地点にある白玉山《はくぎょくさん》は旅順防衛の戦術上の拠点であった。

一一月二一日未明から旅順攻撃が始まった。混成第一二旅団が旅順街道東側の砲台群を牽制するなか、日本軍の主力である第一師団が旅順防衛の弱点である案子山砲台群を攻撃した。歩兵第二旅団長西寛二郎《にしかんじろう》少将の率いる部隊（歩兵第三連隊中心）

を先頭に攻撃が開始され、山地第一師団長も師団予備隊を率いてこれに続いた。午前七時三五分、まず案子山低砲台を占領、つづいて案子山東西砲台を八時過ぎに占領した。

第一師団の攻撃につづいて、混成第一二旅団の右翼縦列（歩兵第二四連隊主力）は二龍山・松樹山砲台に対する攻撃を開始し、一一時頃、日本軍の砲撃が偶然に松樹山砲台の弾薬に引火爆発したことを利用して、一一時三〇分頃、二龍山砲台を占領した。左翼縦隊（歩兵第一四連隊）も一二時頃、東鶏冠山砲台を占領し、つづいてその南側の諸砲台を占領した。旅順要塞の攻撃に威力を発揮することを期待されていた臨時攻城廠に所属するカノン砲は、重すぎて運搬に手間取ったり、故障が多発して、期待された効果をあげられなかった。

同じ頃、案子山砲台の占領後、旅順市街へ侵入しようとした第一師団に対して、松樹山砲台・劉家溝から白玉山のラインで抵抗をつづけ、旅順市街への侵入を阻止していた清軍は、松樹山砲台の爆発を目撃して動揺し、市街方向へ退却を始め、この時点で清軍の組織的抵抗は終わった。

一一月二一日、薄暮のなかの旅順占領

北方の水師営《すいしえい》にいた第二軍司令部は、この段階で事実上旅順が陥落したと判断し、一二時過ぎに、第一師団に旅順の占領を、混成第一二旅団には敵の脱出を防ぎ、第一師団の旅順占

領を援助するよう指示した。

ところが午後一時半、旅順に向かって移動中の第二軍司令部に、宋慶指揮下の清軍が金州を攻撃したとの報告が入った。正午頃から始まった清軍の金州攻撃に対して、兵力で劣勢な日本側は鹵獲《ろかく》した清軍のクルップ砲で反撃し、清軍は夜間に入りようやく撤退した。旅順攻撃中に背後から清軍に攻撃されたので、大山第二軍司令官は攻撃軍の動揺を避けるためこの報告を部下に示さなかったが、午後四時頃、旅順の清軍抵抗力を破壊したと判断すると、この日の戦闘に参加していなかった乃木希典《のぎまれすけ》第一旅団長に歩兵第一五連隊第三大隊ほかを率いて金州守備隊の救援に向かうことを、さらに午後六時に粟屋幹《あわやみき》少佐に歩兵第一連隊第二大隊ほかを率いて金州に向かうことを命じた。ただし乃木少将は歩兵第一五連隊第三大隊を把握できず、出発は翌日に延びている。

話を旅順占領に戻そう。第一師団長は旅順占領命令を午後二時頃受領し、歩兵第二連隊長伊瀬知好成《いせちよしなり》大佐に対して第二連隊に歩兵第一五連隊第三大隊を加えて旅順の海側の黄金山《おうごんざん》とその東側の諸砲台を占領するよう指示した。伊瀬知大佐は指揮下の諸隊を白玉山北側中腹に集め、午後三時三〇分歩兵第二連隊第一大隊を先頭に旅順市街に入り、午後四時五〇分に黄金山砲台など諸砲台と兵営を占領した。すでに日は暮れはじめ、その夜は暴風雨となり気温は低下したが、多くの部隊はその場で夜を明かし、伊瀬知大佐の部隊のみが市街に舎営することができた。

一一月二二日は各部隊が旅順周辺の砲台の占領と敗残兵の掃討にあたり、二三日には大山第二軍司令官は、旅順・水師営の警備を混成第一二旅団が担当すること、第一師団は金州方面に移動するよう命じた。市街と旅順・金州間の敗残兵掃討は二五日頃まで続いた。

そして、旅順占領の報が世界に伝わる際、日本軍は旅順虐殺事件を起こしたと非難されることになる。

虐殺——食い違う事件像

旅順虐殺事件は、現代の中国では「旅順大屠殺《とさつ》」、欧米ではPort Arthur MassacreまたはPort Arthur Atrocitiesと呼ばれる。一八九四年一一月二一日の攻撃で日本軍は旅順の主要部を制圧し、その日の夕方と翌日以降市街と周辺の掃討を行った。この掃討の過程で、日本軍は捕虜と非戦闘員（婦人や老人を含む）を無差別に殺害したと欧米の新聞雑誌が非難したのだ。現在、中国側は旅順大屠殺の被害者を約二万人としている。

この事件は中国では学校教育のなかに取り入れられ、旅順には事件を展示する巨大な万忠墓博物館も作られている。博物館の題字は設立当時の李鵬《りほう》首相の筆である。愛国主義教育を受けた世代の中国人には、この事件は日本軍国主義の侵略性を示す象徴的な事件として記憶されている。また欧米の歴史書、大学のアジア史の教科書でも触れられている。

だが、一方の当事者である日本ではこの事件の知名度が低い。それだけでなく、著名な日清戦争史研究者である藤村道生の『日清戦争』（岩波新書、一九七三年）に事件の被害者数を六万人とする誤った記述があったため、これに基づく誇張された事件像が語られる一方で、虐殺事件そのものの存在を否定する論者も存在する。ここでは、旅順虐殺とは何か、つまり、事件の範囲、事件の規模そして事件の原因について検討したい。

第二軍に従軍した欧米のジャーナリストと観戦武官は、一一月二一日の市街戦と翌日以降の市街の掃討で、日本兵が敗残兵を捕虜にせず無差別に殺害したり、捕虜と民間人を殺害したことを目撃して驚き、これを日本軍による虐殺として非難し、日清戦争は「文明戦争」であるという日本の主張に疑問を呈した。これが欧米の新聞雑誌が問題にしたPort Arthur Massacreであり、場所と時間と被害者数はかなり限定されている。

これに対して現代の中国では、旅順とその周辺で、戦闘と戦闘後の掃討で殺された兵士と民間人の犠牲者を、すべて旅順大屠殺の犠牲者であると広くとらえているので、虐殺事件の被害者数が多数になる。

事件の規模については、現代中国では被害者は約二万人といわれるが、この根拠は日清講和条約批准の後、旅順を受け取りに行った清側委員の顧元勲《こげんくん》が建立した万忠墓の墓碑銘に由来する。万忠墓が建てられた場所は、日本側の旅順口行政署と第一二旅団が「各地に散在せる敵兵の死屍千三百余を夫々火葬」して、一八九五年一月一八日に仏式の追悼祭を行い、遺骨遺灰を埋葬して「清国陣亡将士之墓」という木製墓標を立てたところと思われる（『扶桑新聞』一八九五年二月二七日「我軍厚く旅順に敵の戦死者を祭る」）。

初代の万忠墓は、万忠墓博物館に隣接する日清戦争一〇〇年を記念して建立された新万忠墓の敷地内に現在も保存されており、そこには犠牲者数として「一万八百」という数字が刻まれている。「一万八百」の数字の根拠は不明だが、建碑者の顧元勲が考えていた清側の旅順守備軍の人数を刻んだ可能性が考えられる。第二次世界大戦後の一九四八年に重修万忠墓が建立され、そこに「我同胞之死難凡二万余人」と刻まれた。これが死者二万人説の根拠である。「一万八百」が何らかの事情で一万八〇〇〇人と誤って理解され、さらに「凡二万余人」になったと想像できる。重修万忠墓は日本式墓標のため虐殺事件の犠牲者を追悼するには相応しくないと考えられたためか、現在は取り払われて中国式の新万忠墓が建立された。

旅順攻略の直後、第二軍参謀長井上光《いのうえひかる》大佐は川上参謀次長宛に、清軍死者は旅順方面二五〇〇、旅順と金州の間で二〇〇〇、総計約四五〇〇と報告している。欧米の報道によって旅順虐殺が問題になったとき、大本営トップである参謀総長有栖川宮が大山第二軍司令官に宛てた書簡（一二月二〇日）で、「旅順口陥落之際、第二軍は妄《みだ》りに殺戮を加え、捕縛之儘《ままふ》俘

亀井茲明「敵屍を旅順口北方郊野に埋葬するの状況」（『明治二十七八年戦役写真帖』より）

虜《りょ》を焼殺し、又は人民の財貨を奪掠《だつりゃく》し頗《すこぶ》る野蛮之振舞」があったことについて釈明を求めた。第二軍が旅順で行った、無差別の殺人、捕虜の殺害、略奪の三点に対する回答を求めたのである。

これに対する大山の具申書は、旅順市街の兵士と民間人を「混一して殺戮」したこと（つまり無差別の殺人）と、懲戒のために捕虜を殺害した事実があることを認めたが、略奪については否定した。第二軍司令部も虐殺と非難される事実があったことは認めていたのである。そのうえで、薄暮のなかの戦闘であったことや、清軍兵士は軍服を脱ぎ捨てて逃亡したので民間人と区別がつかなかったことを中心に、さまざま弁明に努めている

(『参謀本部歴史草案十七』)。

旅順半島は付け根部分の柳樹屯や蘇家屯のあたりが狭くなった袋状の地形だったので、清軍の敗残兵が逃亡するのは困難であったが、日本軍は兵力が少なく清兵の逃亡を阻止する力を持っていなかった。結果的に旅順防衛軍の姜桂題・徐邦道・程允和などの諸将や兵士の多くは無事に北へ逃れ、金州の北方の蓋平《がいへい》で宋慶軍に合流する。

したがって、犠牲者数が一万を超えることも、ましてや二万に達することはあり得ない。一方で旅順とその周辺で日本軍が殺害した清軍兵士は四五〇〇名を超える可能性があり、そのなかには正当な戦闘による死者だけでなく、捕虜にすべき兵士に対する無差別な殺害や、捕虜殺害と民間人殺害(婦女子、子ども、老人を含む)が含まれていたことは確かな事実である。

なぜ日本兵は虐殺行為に出たのか――兵士の従軍日記を読む

旅順攻撃に参加した兵士の日記と、従軍記者として旅順攻撃を報じたジャーナリストの記事を読むと、清軍が一一月一八日の土城子で倒れた日本兵士に対して行った残虐な行為を見て、日本の兵士が怒り、復讐を誓ったというのが原因の一つであることは確かである。しかし、虐殺の原因はそれだけではない。

第一師団歩兵第一五連隊第三大隊所属の窪田仲蔵《くぼたなかぞう》上等兵は一一月一九日、土城子で清軍に首と手足を切り取られ、腹を割かれた日本兵の死体を見て、「余等は之れを見て実に耐え兼《かね》、此の後敵と見たら皆殺しにせんと一同語り進む」と記した（窪田仲蔵『征清従軍日記』）。

また、混成第一二旅団所属の歩兵第二四連隊第三大隊第一一中隊付小隊長の森部静夫《もりべしずお》少尉は、首と手足を切断された死体が担架で後送されるのを見た部下の下士官や兵士が、「憤慨の色満面に見」え、「此度《こんど》死者の為めに必ず報してやろーと思います」と言ったことや、また自身の心境も「余の胸中は実に焚火《ふんか》も唯《ただ》ならざりし」と書いている（森部静夫『征清日記』）。

下級指揮官や下士官・兵士が興奮して、敵を「皆殺」にする、復讐すると言ったとしても、上級指揮官がそのような行為を厳禁すれば、虐殺事件はそれほど重大化しなかったはずだが、かえって兵士を煽る上級指揮官がいた。

第一師団歩兵第二連隊所属の関根房次郎上等兵は、土城子の事件後、「山地将軍より左の命令あり〔中略〕今よりは土民といえども我軍に妨害する者は不残《のこらず》殺すべしとの令あり」と記録している（関根房次郎『征清従軍日記』）。

また関根と同じ歩兵第二連隊所属の小川幸三郎《おがわこうざぶろう》の日記にも、一一月二一日の午後三時半過ぎから旅順市街に侵入する際、「集合地出発の際、男子にして壮丁なる清人は皆逃《のが》さず、生《いか》さず、切殺すべしとの命令下れり、兵士の勇気皆溢《あふ》れけり」と書かれている（小川幸三郎

『征清日誌』)。

これらの従軍日記から見ると、第一師団長山地中将や第二連隊長伊瀬知好成大佐などの上級指揮官が旅順攻撃の際には、清軍兵士のみならず民間人も殺害するよう指示していた可能性が強い。

その結果は、窪田の『征清従軍日記』に描かれているように、「支那兵と見たら粉にせんと欲し、旅順市中の人と見ても皆討殺したり、故に道路等は死人のみにして行進にも不便の倍なり」という無差別の殺害となった。

しかも大規模な殺害は一一月二一日の戦闘だけでなく、二二日以降の掃討作戦の過程でもつづいた。前掲の窪田仲蔵の部隊は二一日の旅順市街への侵入に続いて、第一旅団長乃木希典少将の指揮下で、二二日に旅順を出発して、敗残兵を掃討しながら北上し、二四日に金州に到着した。その過程で、逃げ遅れた清軍兵士を「皆之れを討ち殺し」、村落に逃げ込んだ敗兵は村に火を放って焼き殺した。窪田らが金州城南に到着し昼食を食べている目の前で、日本軍の戦場掃除隊(敵味方の死者・負傷者を収容する部隊)がまだ生きている清兵を「或は切り或は突き殺」したと、窪田は日記に記している。

大山が陸相時、訓諭のなかで厳守を強調した赤十字条約の精神は、下士官・兵士たちに徹底していなかったし、戊辰戦争や西南戦争を体験した高級指揮官も、山地、伊瀬知、乃木たちの言動を見る限り、それを尊重していたとは思えない。ここまで見てくると、旅順の虐殺は単に清軍の残虐行為に対して下級将校や下士官・兵士層が興奮して復讐を行ったという偶発的事件にとどまらない、日清戦争時点の日本軍の組織自体に由来する構造的な事件として考えなければならない。

欧米各国に対する弁明工作

日清戦争が始まると外務省を中心にして、日本側に有利な戦争情報の欧米諸国への発信が試みられた。日本国内で新聞情報をコントロールしようとする試みを当時は「新聞操縦」と称していたので、対欧米情報発信は「外国新聞操縦」と呼ばれた。

欧米への日清戦争情報の発信は、外務省の在外公館網が担当したが、まだ日本人外交官は言語能力と経験の面で力不足だったので、日本と関係のある外国人の力を借りる必要があった。

幕末に来日して多くの医学者を育てたフィリップ・フランツ・フォン・シーボルトの長男のアレクサンダー・シーボルトが、外務省の意を受けて英独仏など欧州各国の新聞社・通信社に働きかけた。またアメリカに対しては、在米日本公使館に勤務した外務省雇いのダラム・ホワイト・スチーブンスと日本に滞在していたアメリカ人ジャーナリストのエドワード・ハワード・ハウスが宣伝を担当した。このほかにも、逓信省雇いのウィリアム・ヘンリー・ストーンや横浜で英字紙『ジャパン・メール』を発行していたキャプテン・ブリンクリーが対外宣伝に協力した。

さらに大北電信会社（デンマークの会社、ロシア経由で欧州と清・日本を結ぶ国際電信線および清国内の電信線を経営）上海支店長のヤコブ・ヘニングセンを買収し、清の情報を収集していた（外務省記録『日清戦役に際し外国新聞操縦雑件』）。

日本政府はまた、日清戦争取材のため来日した欧米のジャーナリストを積極的に受け入れて厚遇した。日本に好意的な報道を期待したのであろう。英語の得意な伊東巳代治内閣書記官長は彼らに接触し、情報を提供したり、高額な海外電報料金を負担して、実質的な買収を図った。

彼ら外国人通信員は、外部との通信が困難だった第一軍ではなく、多くは海路遼東半島に向かった第二軍に従軍した。クリールマン（アメリカ、『ニューヨーク・ワールド』紙）、ラゲリー（フランス、『タン』紙）、ウィリアース（イギリス、『ブラック・アンド・ホワイト』誌および『スタンダード』紙）、コーエン（イギリス、『ロンドン・タイムス』紙）らの通信員とイギリス、フランス、アメリカの観戦武官が、第二軍司令部と行動をともにし、虐殺事件を目撃している。

旅順虐殺を目撃して欧米世界に伝えたのは彼らだけではなかった。第二軍が占領した旅順にはロイター通信員ステファン・ハートがとどまっていた。『ヘラルド』紙（ニューヨークとパリで英字紙を発行）のガーヴィル特派員は日本海軍に従軍し、戦闘直後に旅順に上陸した。また、『大山巌日記』にはロシア陸軍のヴォガック大佐が旅順に来たとある。彼は日清・日露戦争期に東洋に滞在した情報活動の専門家である。

さらに列国の艦隊は日清戦争中、日清両国の装備した新型兵器の効果を確かめる目的で日本艦隊を追尾していた。旅順占領直後の一一月二四日、米仏英の軍艦は旅順に接近し、乗組員を上陸させて戦跡を視察し、記念品を持ち帰った。前記のような多数の情報源から旅順虐殺事件は欧米世界に発信された。

そのなかで最もめざましい報道を行ったのは、『ニューヨーク・ワールド』紙の特派員ジェームス・クリールマンである。『ワールド』紙はニューヨークの新聞王ジョセフ・ピュリッツァーの経営する大衆紙で、国内の社会問題に対する報道とキャンペーンに力を入れると同時に、国際問題の報道に熱心だった。

若いクリールマンは、来日当初は日本の開戦詔書が主張した正義の文明戦争という主張を受け入れ、日本の文明化を賛美し、日本軍の勇敢さと国際法遵守を称える記事を書いていた。しかし、アメリカ領事のホーレス・アレン医師の手引きで朝鮮国王と会見した際に、国王が述べた、私を守るために米国兵を派遣して欲しい、という言葉から日本の主張する戦争目的に疑念を持ちはじめ、次いで旅順虐殺を体験して日本批判に転じる。彼は日本の文明化は外面上のものに過ぎず、その本質は野蛮であり、在日米国人の安全を守るために治外法権を維持すべきであると主張し、日米両国政府が調印した日米通商航海条約の上院での批准に反対した。彼の送信した記事と『ワールド』紙のキャンペーンは一定の効果を上げ、アメリカ上院の日米通商航海条約審議にも影響を及ぼした。

『ロンドン・タイムス』紙の特派員トーマス・コーエンは、センセーショナリズムには批判的だったが、虐殺事件についてはクリールマンと同じ認識を持っていた。すなわち日本軍は戦闘の終わった一一月二二日以降も、捕虜と民間人の虐殺を行った、もし日本が文明国として認められたいなら責任を取るべきである。彼は旅順から広島に戻り、イギリスに記事を発信すると同時に、一一月三〇日に伊藤首相と、翌日は陸奥外相と会談して、日本政府の善後策について問い糺《ただ》している。

コーエンの話に、旅順虐殺の情報に接していなかった伊藤と陸奥は驚き、情報を集めて対応策を検討したが、北洋海軍の基地を占領し意気揚がる軍隊を調査・処分することは困難であった。大本営と協議した伊藤は、「取糺《とりただ》すことは危険多くして不得策なれば、此儘《このまま》不問に付し、専ら弁護の方便を執るの外なきが如し」(「総理大臣旅順口事件善後策に関し訓令の件」

一二月一五日）との判断に達し、事件関係者の処分を行わず、専ら弁明に終始する。そのとき、先述した外務省の組織した対外宣伝網を使ったが、いったん世界に広まった旅順虐殺イメージと日本の文明化に対する疑惑を拭い去ることはできなかった。

伊藤や陸奥が、国際法遵守に熱心な大山第二軍司令官に期待した「文明戦争」は、師団長・連隊長クラスの上級指揮官からも、下士官・兵士からも尊重されず旅順虐殺事件につながったのである。

Ⅲ　冬季の戦闘と講和の提起

第一軍と大本営の対立

大本営の日清戦争指導方針は、当初の短期決戦をめざす「作戦大方針」から長期戦構想へ変化したこと、および八月末にそれが「冬季作戦方針」としてまとめられ、一八九五年春に陸軍主力を渤海湾北部の天津・山海関方面に輸送して、清軍と直隷決戦を行うという方針が決定されたことについてはすでに述べた（第3章）。ところが、九月中旬に平壌の戦いと黄海海戦に勝利し、一〇月末に鴨緑江渡河作戦が成功すると、大本営内では冬季でも直隷決戦が行えるのではないかとの構想が再浮上する。

一方で、鴨緑江渡河作戦を成功させ、九連城から奉天に通じる奉天街道上の要衝の鳳凰城を占領し、重要な港のある大孤山の占領も間近になると、九連城にいた第一軍司令官山県は、将来の作戦の根拠地を確保したいと考え積極的な行動に出ることを考えていた。

山県は一一月三日付で大本営に打電して、厳冬期に入って作戦が困難になる前に、自らの第一軍が次の三案の一つを実施することを要請する。山県の考えた三案とは、①花園口付近から乗船して山海関付近に上陸し、直隷作戦の根拠地を占領する、②旅順半島まで進み第二軍と合流する、③奉天を攻撃する、というものであった。

だが、大本営はこの山県提案をすべて否定した。旅順占領前で、威海衛の北洋艦隊の殲滅が達成されていないので第一案は現状では実行不可能、第二案と第三案は「作戦大方針」と矛盾したり、兵站・補給問題で物理的に困難という判断であった。大本営で作戦と補給を担当した川上操六と児玉源太郎は、直隷決戦に使用する予定の第一軍に、余分な行動をして戦力を低下することなく現地で待機して欲しいと考えたのである。

山県は一一月九日に大本営の返答を受け取り、翌一〇日に桂第三師団長および野津第五師団長と会談して冬営方針を決定した。しかし、山県はまだあきらめきれず、一一月一六日に再び第一案、つまり第一軍が海路山海関付近に上陸する作戦の実施を提案する。大本営の返答はまたもや全面拒否であった。第三師団は冬営に移りつつあったが、第一軍司令官の許可を得て、占領した大孤山の冬営中の安全を確保するという名目で内陸部の岫巌《しゅうがん》の攻略を計画し、一一月一八日占領した。岫巌は大孤山から、海城《かいじょう》あるいは蓋平に通じる街道の要衝にある重要都市である。

一一月二五日、大山大将の率いる第二軍が旅順を占領したとの通知を受けると、山県第一軍司令官は海城攻略作戦を決心した。将来、第一軍が旅順半島方面に移動する際、蓋平・海城方面からの有力な敵の圧力を軽減するためである。一二月一日には海城攻撃実施を第三師団長に命じ、大本営にも電報を送った。さらに五日には、自ら海城攻撃の指揮を執りたいと、参謀総長宛に打電した。大本営はこの作戦を歓迎しなかったが、第一軍司令官が「他日側敵《そくてき》行軍の場合に有害と認めたる敵を掃攘《そうじょう》することを禁ずるは干渉に過ぐるの嫌あり」として、作戦の中止を命じなかった。

これまでに何度も陸軍のトップである山県第一軍司令官の提案を却下してきたことに対する遠慮や、海城の清軍に打撃を与えた後、第三師団がすぐに岫巌・大孤山方面に撤

山県有朋

大山 巌

退するとと信じたからである。だが、その後、桂師団長自らが、敵中に孤立し、補給もままならない厳冬期の海城に籠城することになる。山県と桂の行動は、「独断」の域を超えた「暴走」と評価されることになる。

山県第一軍司令官の更迭

一二月一八日、山県第一軍司令官は解任され、翌日、野津第五師団長が後任の第一軍司令官となった。第五師団長の後任は奥保鞏《おくやすかた》中将であった。戦争の最中に最重要の前線司令官が解任されるのは、国際的にも国内的にも影響が大きく異例であった。

もともと体調に不安を抱えていた山県は、朝鮮上陸直後から気管支と胃腸の病気に悩まされ、冬に向かうと体調は一層悪くなった。山県の体調不良の模様は広島にも届き、一一月二九日、山県の病を案じるとともに戦況報告のために広島帰還を命じる明治天皇の勅語を伝えるため、侍従武官中村覚《なかむらさとる》大佐と山県と親しい内蔵頭《くらのかみ》白根《しらね》専一《せんいち》が広島を発った。一二月八日、山県は朝鮮北部の義州で勅語を受け取り、九日、義州を出発して帰国の途につく。

途中の仁川で山県は友人の井上馨朝鮮駐在公使と会った。井上はその模様を一二月一三日付の伊藤首相宛書簡で次のように述べている。山県は帰国命令が納得できず、「三度之作戦上奏幷《ならびに》大本営司令之行違い」（冬季作戦についての山県意見が大本営によってたびたび否定されたこと）についての不満を語りつづけ、また体力が衰弱したため気持ちが高ぶり周囲が迷惑している、このままでは山県が陸軍を引退しかねないので、帰国後は山県を大本営御用掛として有栖川宮参謀総長を補佐させる命令を天皇に出してもらうほかに手段はない（『伊藤博文関係文書一』所収の伊藤宛井上馨書簡〔一八九四年一二月一三日〕）。

同じ日に伊藤は、帰国後の山県のポストを検討している旨の手紙を井上に書いた。藩閥実力者の伊藤と井上は、文官でありながら陸軍人事に介入したのである。

一二月一八日、天皇に謁見した山県は「優詔《ゆうじょう》」を下され、第一軍司令官と枢密院議長の役職を免じられ、かわって監軍に任じられた。この時期の監軍とは、陸軍の教育を掌《つかさど》る役職で、教育総監の前身である。さらに二〇日には、二回目の「元勲優遇《げんくんゆうぐう》」の詔を下された。二回もこの詔を受けたのは山県のみで破格の待遇である。

病気を名目とした山県の解任であったが、その実際の理由については、二説ある。一つは、山県が独断で海城攻撃を決断したため、大本営の川上操六参謀次長や桂第三師団長が伊藤首相に頼み山県を召喚したという藤村道生説で、従来の定説である（藤村『日清戦争』）。一方、藤村の弟子である斎藤聖二は、藤村説は事実の誤認があり、冬季の直隷決戦を考えていた大本営は病身の山県を「厳冬下の直隷決戦で現地司令官にしておくことはできない」と判断して、あくまで病気が理由だったというものである（『日清戦争の軍事戦略』）。

帰国後の山県は大本営の軍議に参加したが、日清戦争を指導してきた川上参謀次長らとの関係が円滑ではなかった。一八九五年一月、有栖川宮参謀総長が死去したので、伊藤と井上は山県の参謀総長就任を考えたが、川上参謀次長と樺山資紀軍令部長が反対し、山県参謀総長が実現すれば両名は辞職するという意向を示した。このため伊藤らは山県参謀総長をあきらめて、小松宮彰仁《こまつのみやあきひと》親王を後任とし、山県を陸相に任ずる方針を提起せざるを得なかった。川上らは皇族総長と違って、山県が参謀総長になって作戦に口を出すことを嫌い、作戦に直接関与しない陸相なら容認できると考えたのである。

以上のような経緯を見ると、山県更迭の原因は大本営との作戦方針の齟齬《そご》・対立（藤村説）と、冬季の直隷決戦遂行のためには老齢・病身の司令官では困るという実質的な必要性（斎藤説）の両方から説明するのが妥当であろう。

第一軍の海城攻略作戦

一二月一日、第一軍司令部は桂第三師団長に海城攻略を命じた。第三師団は岫巌に集結し、九日に岫巌を出発、析木城《せきぼくじょう》を経て、一三日海城を占領した。この間、氷結して滑りやすい道路のため行軍に苦しんだが、海城の占領にあたって清軍の抵抗はほとんどなかった。しかし問題は占領後の海城の防衛であった。

海城は宋慶軍の拠点がある遼陽《りょうよう》、鞍山站《あんざんたん》、牛荘城《ぎゅうそうじょう》、大石橋《たいせききょう》、蓋平に囲まれており、第一軍補給拠点の大孤山と岫巌から遠く離れ、第三師団だけでは防衛が困難であった。第三師団は、援軍の増派あるいは第二軍の蓋平進出を希望したが、第一軍司令部は援軍は送れないので、やむを得ない場合は海城に第三師団の一部をとどめ、師団主力を析木城まで撤退させるよう指示した。

一二月一九日には、牛荘城に進出した清軍と、それに先制攻撃した第三師団との間で缸瓦《こうが》寨《さい》の激戦が戦われた。日本軍は約四〇〇〇名、清軍は約九〇〇〇名が戦闘に参加。清軍は日本軍の二倍以上の兵力を持っていたが、大砲の数で勝っていた第三師団が山砲を効果的に使い勝利を収める。

しかし、第三師団は鴨緑江を越えてから最大の四〇〇名以上の死傷者を出し、さらに戦闘とその後の負傷者・戦死者を収容するための戦場掃除の過程で一〇〇〇名を超える凍傷者を出した。死傷者が戦闘参加者の約一割、凍傷患者が約三割に達し、戦闘力は大幅に低下、厳冬期の作戦行動の困難さを示した。特に未だに防寒着を受け取っていなかった軍夫の被害は甚大で、その結果、補給能力が大幅に低下した。

仙台で編成された後備歩兵第三連隊の軍医として従軍した渡辺重綱《わたなべしげつな》は、一八九五年一月五日、安東県から鴨緑江河口の港である大東溝に向かう途上で、凍傷に冒されて解雇された日本人軍夫が陸続と帰来するのを目撃している。その姿は「其有様面部は煤《すす》にまみれ、手足を凍傷に悩みて歩行蹣跚《まんさん》(よろめいて歩くさま)、破れ毛布にまつわり、頭巾《ずきん》は清人を真似て種々の毛皮を冠《か》ぶるという異様な風体であった。そして帰国する軍夫に替わって新たに戦場へ向かう軍夫も、各自思い思いに奇妙な服装を着し、武装していた。渡辺はこのとき詠んだ短歌で、軍夫の風体を「夜行百鬼」に譬《たと》えている(渡辺重綱『征清紀行』)。

渡辺が目撃した惨憺《さんたん》たる状態の解雇軍夫は、日時と場所から見て、海城作戦に参加して凍傷に罹患《りかん》した第三師団所属の軍夫であった可能性が強い。

海城方面に兵力を投入することで第一軍主力の直隷作戦への転用が困難になることを嫌っていた大本営も、一二月二九日にいたって第三師団で海城を保持することを決定した。第二軍に混成一個旅団で蓋平を占領して第三師団を助けるよう命じ、第一軍司令官には軍主力は直隷作戦に参加するため三月下旬には大連湾に移動するよう伝達した。大本営命令を受け混成第一旅団は一月一〇日に蓋平を占領した。この戦闘の死傷者は三三四名であった。

清軍はこの後、一月一七日、二二日、二月一六日、二一日の四回にわたり海城を攻撃し、二月一七日には析木城を攻撃したが、そのたびに日本軍に撃退されている。

遼河平原の戦闘

山県に代わり第一軍司令官に就いた野津は、直隷決戦のため大連湾方面に移動する前に、営口《えいこう》・田庄台《でんしょうだい》・遼陽方面にある約五万の清軍を撃破する必要性を一月以降たびたび大本営に具申した。第一軍は広大な戦場で、常に兵力に勝る清軍から攻撃を受け防御に苦しんでいた。そのため清軍に対して攻勢に出ることを希望したのである。

大本営はなるべく多数の兵力を直隷決戦に参加させるため、不必要な戦闘で兵力を消耗することを嫌い野津の上申を拒否した。しかし、たび重なる軍司令官の具申を無視することができず、二月六日、作戦を許可した。

野津第一軍司令官は、まず混成第一〇旅団（立見少将）と後備歩兵連隊で、鳳凰城などの鴨緑江北岸の広大な地域を防衛させた。そのうえで第一軍所属の第三師団、第五師団主力に応援の第一師団を加え、三月上旬までに遼河平原の掃討作戦を実施し、直隷作戦参加の態勢を整備することにした。一方、広大な防衛地域を担当した第一〇旅団は、鳳凰城防衛のため苦戦を余儀なくさせられる。

第一師団は二月二四日、営口南側の太平山《たいへいざん》で清軍と激戦を交え、三月六日に営口を占領した。太平山の戦闘で、日本軍は死傷者三一四名と四〇〇〇名以上の凍傷者を出した。

一方、第三師団は海城から出撃し、三月二日に鞍山站付近で鳳凰城方面から前進した第五師団主力と合流し、四日に牛荘城を攻略した。牛荘城では残留した清軍の一部と市街戦になり、日本軍の死傷者は三八九名に達した。

三月九日には、第一、第三、第五師団の三個師団で田庄台を攻略する。この戦闘に参加した兵力は一万九〇〇〇名、砲九一門で日清戦争最大の戦闘となり、死傷者は一六〇名であった。日本軍は田庄台が清軍の補給基地となるのを妨げるため、第一軍司令官命令で撤退にあたって市街を焼き払うという野蛮な戦闘を行った。

大本営の意図と異なり、遼河平原掃討作戦は三個師団が参加した日清戦争で最大の作戦となった。多数の清軍兵力を撃破して、山東作戦や早期講和を容易にした効果はあったが、他方で一〇〇〇名近い死傷者と約一万二〇〇〇名の凍傷患者を出して兵力を消耗し、大本営が意図した早期の直隷作戦を妨げることになった。

日清講和条約批准後、京都で明治天皇が佐佐木高行に語った談話中、「我が兵の忠勇義烈なるは各国にも比類稀なる事なり、其の代り随分馭《ぎょ》し難き点もあり」との言葉（津田『明治聖上と臣高行』）は、大本営に親臨した天皇がたびたび体験した、大本営と現地軍の間の食い違いや現地軍独走に対する率直な感想であった。

講和を絡めた山東作戦・台湾占領作戦の提起

平壌の戦闘と黄海海戦の後、一〇月八日にイギリスから、各国で朝鮮独立を保障し、清が賠償金を支払うとの条件で仲裁の提議があった。このとき、日本政府は断ったが、これを受けて陸奥外相は講和条件を起草し、伊藤首相に提示している。一一月六日、今度はアメリカから講和の打診がなされ、日本政府は一七日にアメリカに対して、清国から実際に講和の要請があるまで戦争を継続すると返答した。清から講和談判の申し入れがなされたのは、旅順が陥落した翌日の一一月二二日であった。

だが旅順占領後、大本営は直隷決戦実施に傾き、一一月二九日、第一軍・第二軍司令部と連合艦隊司令部に対して、直隷決戦を準備するように電報を打つ。ところが大本営の方針転換に対して現地軍の司令官たちは従順でなかった。すでに述べたように、山県第一軍司令官は海城攻撃を決意していた。大山第二軍司令官は、金州半島で冬営に移りたいと上申する。さらに、大山は伊東祐亨連合艦隊司令長官と協議して威海衛攻略作戦を提起してきた。

伊藤も一二月四日、講和問題を考慮し、渤海北岸上陸作戦（直隷決戦の準備作戦）を中止して、威海衛の攻略ならびに台湾占領作戦を実施すべきとの意見書（「威海衛を衝き台湾を略すべきの方略」）を大本営に提出した。その結果、九日には大本営で威海衛作戦が決定され、そして直隷決戦は再び延期されることになる。

威海衛作戦は、一二月一四日に正式決定し、第二師団と第六師団（すでに第二軍に属して旅順周辺の警備に就いていた混成第一二旅団を除く）を使用することになった。すでに仙台から広島に移動して待機していた第二師団は、一八九五年一月一〇日と一一日に宇品を出航し、福岡と熊本に待機していた第一一旅団は小倉に集結し、一二日より逐次出帆した。

大連湾に到着した輸送船団には第二軍司令部が乗り込み、一月一九日から山東半島先端の栄城湾《えいじょうわん》に向けて出帆し、二〇日から上陸を開始して二四日には揚陸が終わった。この後、さらに旅順および金州に駐屯していた部隊（砲兵隊二個大隊、臨時徒歩砲兵大隊〈九センチ臼砲装備〉など）が輸送され、二六日に揚陸が完了した。

山東作戦による北洋海軍の壊滅

一月二〇日、先遣隊が栄城を占領し、揚陸が終わった二六日から威海衛に向かい前進が始まった。第二師団は海岸から離れた南路を、第六師団は海岸沿いを進んだ。

威海衛の要塞は一〇年以上の時間をかけて構築され、日清開戦後はさらに強化されていた。北岸に一一個、南岸に七個、劉公島と日島《にっとう》に五個の砲台が設置され、二四センチ・カノン砲をはじめ一六一門の大砲と機関砲が設置されていた。北洋艦隊の艦船は劉公島南側と威海衛の間に停泊し、防材を設置して日本艦船、特に水雷艇の侵入を防いでいた。

一月三〇日の攻撃で第一一旅団は南岸砲台群を占領、主力の第二師団は南岸砲台群の西方の北虎口高地を占領し、南岸砲台群の清軍守備兵の退路を遮断した。この日の攻撃で日本側は二〇九名の死傷者が出たが、その一人は第一一旅団長大寺安純《おおでらやすずみ》少将であった。彼は湾内の北洋艦隊からの砲撃を受けて、死亡した。

第二師団は翌日、北岸砲台群の占領に向かい、二月二日までに砲台と威海衛市街を無抵抗で占領した。陸上砲台を占領されたにもかかわらず、湾内の北洋艦隊と劉公島・日島の砲台は抵抗を続け、日本軍を砲撃した。陸軍の持つ小口径の野砲や山砲では射程外であったので、日本は占領した砲台の鹵獲砲で対抗するしかなく、清軍側に与える打撃は少なかった。

二月三日から日本側の連合艦隊が砲撃を開始し、五日からは水雷艇が侵入して、定遠、威遠、来遠などを撃沈した。劉公島の守備兵は丁汝昌提督に降伏を要求し、頑強に降伏を拒み続けた丁は、李鴻章に宛て「艦沈み人尽きて後ち已《のや》まんと決心せしも、衆心潰乱《かいらん》今や奈何《いかん》ともする能わず」と打電して、一一日服毒自殺した。このほか定遠艦長劉《りゅう》歩蟾《ほせん》および劉公島陸兵指揮官張文宣《ちょうぶんせん》なども丁汝昌と前後して自殺した。

抗戦派幹部自殺後の二月一二日、清軍は丁汝昌名義の請降《せいこう》書を伊東連合艦隊司令長官に提出した。一四日、清軍降伏と清陸海軍兵の解放に関する両軍の談判がまとまった。一七日にはすべての清軍兵士が日本軍前哨線の外に退去し、丁汝昌提督の遺体と劉公島の海軍将兵一〇〇〇名余、お雇い外国人を搭載した康済《こうさい》号が芝罘《チーフー》に向かった。

作戦終了とともに、日本側は軍事施設の多くを爆破し、直隷作戦に備えて山東作戦軍の四万近い将兵と六〇〇〇頭以上の馬は、三月一日までに大連湾に帰還した。劉公島守備のために、対馬警備隊より特別中隊を編成して劉公島守備隊とし、連合艦隊指揮下に置いた。

大本営は山東作戦が終了に近づくと、二月二〇日、連合艦隊司令長官に後備歩兵一個連隊を基幹とする陸軍混成支隊（比志島《ひしじま》支隊）を配属して、台湾西方に位置する澎湖諸島を占領する任務を与えた。澎湖諸島占領は講和条約による台湾割譲の既成事実を作るための政略的作戦である。連合艦隊は三月一日に佐世保を出航し、二三日に艦砲射撃の下に混成支隊を上陸させ、二五日に占領した。大きな被害を出さず澎湖諸島を占領したものの、この後、島内でコレラが大流行し混成支隊と同行した多数の軍夫から甚大な被害者を出すことになる。

話は少し戻るが、旅順が陥落すると責任を問われて李鴻章は北洋陸軍の統率権を奪われていた。一一月二三日、李は「革職留任」の懲戒処分をうけ、一二月二日には両江総督（江蘇省・安徽省・江西省を管轄する役職）劉坤一《りゅうこんいつ》が、皇帝の全権委任を得て、山海関以東の諸軍の指揮権を行使する欽差《きんさ》大臣に任命された。

一八九五年一月二三日には雲貴《うんき》総督王文韶《おうぶんしょう》が北洋大臣の職務を代行し、のち王文韶は直隷総督も兼ねて、北洋大臣直隷総督となる。李鴻章は一八七〇年代から四半世紀にわたって保持した北洋大臣職を失い、北洋陸海軍の軍事力を手放した。だが李は北洋大臣職を離れた後も、内閣大学士兼総理衙門大臣として政治生命を維持することになる。

第5章　戦争体験と「国民」の形成

本書は、第1章から第4章まで、日清戦争の前提から始まり、朝鮮の甲午農民戦争を契機とする日清両軍の出兵、そして開戦と戦闘経過について述べてきた。これらの章では歴史学のさまざまな分野のなかでも、政治外交史と軍事史を中心に記している。

しかし、この第5章は第4章までとは異なり社会史を通してこの戦争を見ていく。戦争情報がメディアによってどのように人々に伝えられたのかという当時のメディア状況と、戦争情報の受容を通して人々が「日本国民」としての共通意識を持つにいたる過程を考察する。そして、第Ⅰ節では全国レベルのメディア状況について、第Ⅱ節では日清戦争期の地域と戦争および戦争情報について取り上げる。

I　メディアと戦争――新聞、新技術、従軍記者

朝鮮に向かう新聞記者たち

欧米諸国では本格的な従軍記者は、一八五〇年代に、主にイギリス・フランス・トルコとロシアが戦ったクリミア戦争で登場した。日本では、一八七四年の台湾出兵の際に『東京日日新聞』の岸田吟香《きしだぎんこう》と『ニューヨーク・トリビューン』紙特派員のエドワード・ハウスが従軍したのが最初である。このときには写真師の松崎晋二《まつざきしんじ》も同行している。さらに一八七七年に発生した西南戦争でも、『東京日日新聞』の福地源一郎《ふくちげんいちろう》や『郵便報知新聞』の犬養毅《いぬかいつよし》などが九州の戦場に赴いた。

西南戦争の一七年後の日清戦争にはさらに多くの従軍記者がいた。陸軍に従軍して日本国外の戦場に赴いた日本人新聞記者は一一四名、このほかに写真師四名と画工一一名も同行したと、『明治二十七八年戦役統計』は記録している。各新聞はこのほかに、大本営が置かれて戦争情報が集中した広島と通信拠点の下関・長崎などにも新聞記者を派遣した。そのため、『朝日新聞』や『国民新聞』など戦争報道に熱心な新聞社は国内外に一〇名以上の特派員を派遣することもあった。

日清開戦直前，漢城に集まった日本人新聞記者たち　『戦国写真画報』第5巻（春陽堂，1894年12月）．キャプションには「牙山従軍新聞記者」とあるが，成歓の戦いに従軍していない記者もいるため不正確

もちろん、陸軍だけではなく海軍に従軍した記者もいた。代表的な例としては、『国民新聞』の国木田哲夫《くにきだてつお》（独歩《どっぽ》）が巡洋艦千代田に乗り込んでいる。哲夫は同じ新聞社に勤務する弟・国木田収二に宛てた手紙という形式で従軍記を同紙に連載して好評を博し、のちに『愛弟通信』として単行本となった。

次のページの所属部隊別の従軍記者の表のように、出征した各軍司令部・師団・混成旅団に洩れなく従軍記者がいるが、なかでも最初に朝鮮に到着した混成第九旅団に三二名もの従軍記者が所属していたことが注目される。しかも「新聞記者従軍規則」（一八九四年八月中旬）と「内国新聞記者従軍心得」（八月三〇日）を制定して軍が従軍記者を把握するまでは、陸軍『戦役統計』の数字より多い新聞記

所属部隊別の従軍記者　（単位人）

所属部隊	各部隊に当初から従軍	他部隊から転属	合計延べ従軍数	その他
第1軍司令部・兵站監部	9	4	13	画工3
第3師団司令部	2	13	15	
歩兵第5旅団	2	2	4	
歩兵第6旅団	0	1	1	
第5師団司令部	6	13	19	画工2
混成第9旅団	32	0	32	画工2
歩兵第10旅団	1	1	2	
第2軍司令部	13	4	17	画工5写真師1
第1師団司令部	13	2	15	
歩兵第1旅団	0	1	1	
歩兵第2旅団	0	1	1	
第2師団司令部	4	7	11	画工1写真師3
第6師団司令部	5	7	12	
征清大総督府	8	3	11	
近衛師団司令部	8	12	20	画工2写真師1
第4師団司令部	7	1	8	画工1
歩兵第8旅団	0	1	1	
混成支隊	3	2	5	
台湾総督府	0	4	4	
所属不明	1	0	1	
合計	114	79	193	画工16写真師5

註：その他の数字は延べ人数．実数は画工11，写真師4
出所：陸軍省編『明治二十七八年戦役統計』下巻の1106～1107頁による

者が朝鮮で取材活動を展開していたと思われる。

一八九四年六月二日の閣議で混成第九旅団派遣が決定され、五日、休暇帰国中の大鳥公使が本野一郎外務省参事官とともに、海軍陸戦隊七〇名と警察官二一名をともなって、巡洋艦八重山で仁川に向かう際には、『時事新報』記者高見亀が八重山に便乗した（『時事新報』一八九四年六月七日)。一方、『朝日新聞』は『東京朝日』記者山本忠輔の朝鮮派遣を決め、山本は六月五日に東京を発ち、六日大阪を出航し、九日釜山上陸、ただちに仁川に向かっている(『朝日新聞社史・明治編』)。

以上の例から、東京の新聞社は六月五日には一斉に朝鮮への特派員派遣に踏み切ったようだ。この日は混成第九旅団の編制表を持った東条英教少佐が広島に向かった日でもあった。政府はまだ朝鮮への派兵を発表せず、新聞に対し発行停止を含む報道規制を行ったが、各新聞社は情報を摑んで対応したので、大鳥公使が漢城に到着した六月一〇日頃には、すでに日本から新聞記者の第一陣が現地に到着していた。

六月中旬になると朝鮮に向かう新聞記者の数はさらに増える。名古屋の『扶桑新聞』は鈴《すず》木《き》経勲《けいくん》を特派員として派遣したが、彼は六月一二日に名古屋を発ち、列車で神戸港まで行って日本郵船の肥後丸に乗船、一七日釜山着、二一日に仁川に着いていた。

鈴木の記事には、朝鮮に向かう特派員が肥後丸に二三名も乗船しており、彼らは六月二〇日夜、戦争取材に関する協定を結び、その後キャビンで船の事務長・機関長を交えて、懇親会を開いたと記している。二三名の特派員のなかには西村天囚《にしむらてんしゅう》(『大阪朝日新聞』)、福本日南《ふくもとにちなん》・桜田文吾《さくらだぶんご》(『日本』)、久保田米僊《くぼたべいせん》・米斎《べいさい》父子(『国民新聞』)などの著名記者の名前も見える(『扶桑新聞』六月二八日、「朝鮮特報五」)。

一触即発と思われた朝鮮情勢は、六月末から七月初め落ち着いた。戦争を求めて朝鮮に来た記者たちは困惑し、七月八日、鈴木経勲の漢城の宿舎に集まり、福本日南の提案で牙山方面に偵察隊を組織して派遣することを相談している。結局、偵察隊派遣計画は朝鮮政府の護照（証明書）が得られなかったので実現せず、各記者が個別行動をとることになった。このとき集まった日本人記者は二九名、この他にも仁川に四名の記者がいたと記されている（『扶桑新聞』七月一九日、「朝鮮特報第廿八」）。

この頃撮られたと推測される従軍記者二三名の集合写真（一五五ページ掲載）が、春陽堂から刊行された『戦国写真画報』第五巻（一八九四年一二月）に掲載されているが、名前の判明する二一名のほとんどは、七月八日に鈴木の宿舎に集まった記者である。

強化される言論統制

六月五日頃から、各新聞の紙面に一斉に朝鮮問題に関する記事が掲載され、つづいて各紙は社説・論説で対清・対朝鮮強硬論、さらには開戦論を唱えて伊藤内閣の「軟弱外交」を批判し、そして朝鮮に特派員を派遣した。これに対して政府は当初、発行停止処分と検閲・掲載禁止・伏せ字などの厳しい言論統制を加えるという硬直した対応に終始した。

明治政府は自由民権運動による反政府的な言論活動に対抗するため、一八七五年、新聞紙条例と讒謗律《ざんぼうりつ》を公布し、さらに八三年には新聞紙条例を改正し、統制を強めてきた。この結果、新聞発行はもともと許可制であったことに加えて、保証金制度と検閲のための納本制（事後検閲）が設定される。内務卿に発行禁止または発行停止の権限が、そして陸軍卿・海軍卿と外務卿には軍事外交記事の差止命令権が与えられていた。このように日清戦争前にはすでに政府は強力な言論統制の手段を持っていた。だが朝鮮への出兵が決定すると、さらに言論統制を強化する措置を講じる。

六月七日、陸相と海相は、それぞれ「陸軍省令第九号」と「海軍省令第三号」を発し、新聞紙条例第二二条に基づいて、当分の間、軍隊と軍艦の「進退及び軍機軍略に関する事項」の掲載を禁止することを命じた。この結果、陸相・海相の許可を得ない限り、新聞雑誌に軍関係の記事を掲載することが不可能になり、新聞紙上に伏せ字が頻出する。

また、『東京日日新聞』『東京朝日新聞』『国民新聞』『日本』などの主要紙は、六月初めから中旬にかけて軒並み発行停止処分となり、一八九四年中に全国で治安妨害のかどで発行停止を受けた新聞社は一四〇社を超えた。

つづいて朝鮮で戦闘が始まったことを受けて、七月三一日、内務・陸軍・海軍・外務の四大臣は連署して、大津事件（一八九一年、警察官津田三蔵によるロシア皇太子に対する傷害事件）の例にならい、一層厳しい言論統制を実施するために、軍事・外交に関する記事の草稿検閲を、勅令を制定して行う必要性を内閣に提起した。

四大臣が草稿検閲が必要と考えた理由は、七月二九日の『万朝報《よろずちょうほう》』号外と『大阪毎日新聞』に、二三日の朝鮮王宮攻撃の際、日本側が大院君を威嚇して連れ出し、かつ混成第九旅団側が計画的に朝鮮王宮を攻撃したことが報道されたためである。つまり、この勅令制定の目的は、日本側に都合の悪い真実が報道されるのを防ぐことにあった。そして事前の草稿検閲を規定した「勅令第一三四号」は枢密院の審議を経て、八月一日公布される。

草稿検閲を行うために内相が示した八月二日付の「検閲内規」を見ると、陸軍・海軍・外交のすべての分野にわたって「禁止」事項が記載されていた。検閲は東京府では内務省が直接行い、他府県では府県庁が行った。しかし、実施してみると検閲の作業量が膨大になるだけでなく、検閲担当者や地域によって基準がバラバラであり、時には政府発行の『官報』の記事を転載して発行停止になるような笑い話まで起こっている。さらに不平等条約下では居留地で発行される外国語新聞の検閲ができないために、実際には政府が隠したい機密が、こうした外国語新聞に公表されてしまうこともあった。

国民の戦争支持と情報開示

草稿検閲は一ヵ月以上続けられたが、国民の間で戦争支持の風潮が高まると、手間のかかる草稿検閲は不要になり、九月一二日付で廃止され、従来通りの新聞紙条例による取り締まりに戻った。その際に、草稿検閲に用いられた「検閲内規」が新聞社に示され、記事作成の際に新聞社と記者による自己規制を行わせた。

しかし、情報を隠すだけでは新聞と国民の協力を得られない。広島大本営に平壌占領の報が達した翌日の九月一七日、大本営の川上陸軍参謀（陸軍参謀次長）・樺山海軍参謀（海軍軍令部長）と伊藤首相などが協議して、陸海軍で公表差し支えなしと判断した戦地の情報を広島県警察部に掲示し、事前に登録した新聞社に謄写させて新聞に掲載することを許可した。つまり大本営に、のちの記者クラブにあたる組織を設置したのである。また、『官報』に「戦報」欄を設けて、戦争情報を掲載するようにもなった。

以上のような、新聞に対する戦時の言論統制と情報提供という政府の方針は西南戦争から始まり、結果的には日清戦争でより大規模に実施された。しかし日清戦争では、第五議会・第六議会以来の、反政府的言論を展開したジャーナリズムと伊藤内閣の対立が厳しかったために、出兵から開戦当初（六月から九月上旬）は、政府による新聞に対する検閲・発行停止命令という言論統制の側面が先行したが、九月中旬に平壌と黄海の戦勝が伝えられ、戦況が日本有利になると、政府は戦争情報を積極的に開示するようになったのである。

九月下旬以降、戦地と大本営所在地の広島に特派員を派遣していた有力紙には、大本営発表情報と多数の戦地特派員からの情報が大量に掲載されて、当時は一般的であった四ページないし六ページの紙面に収まらなくなり、増ページや号外発行で対応するようになる。

一方で、少数の特派員しか派遣できないか、あるいはまったく特派員を派遣できなかったような地方紙にも、『官報』・有力紙からの転載によって、戦争情報が掲載された。中央と地方ではタイムラグはあるものの、新聞記事を通じて次第に日清戦争に関する情報が全国の読者に共有されるようになっていったのである。

新技術導入と『朝日新聞』の戦略

日清戦争報道で最も成功し、発行部数を増やした新聞のひとつが『朝日新聞』である。『朝日新聞』は一八七九年、大阪で創刊された小新聞《こしんぶん》（庶民向けの判型の小さな新聞）として出発し、総振り仮名付きのわかりやすい文体で、ゴシップ記事や挿絵連載小説を売りにした新聞として次第に成長していった。部数を増やすとともに、報道に力を入れた硬派な記事も載せる中新聞となり、一八八八年には『めさまし』新聞を買収して東京進出を果たした。

その後、大阪版を『大阪朝日新聞』（以下『大朝』）と、東京版を『東京朝日新聞』（以下『東朝』）と称した。両紙はまったく違う新聞・紙面ではあったが、資本が同一であり、同じ記事を掲載することも少なくなかった。

一八九〇年『東朝』は国会開設（同年一二月）を控えて、印刷能力を向上させるため民間の新聞社ではじめてマリノニ式輪転機を導入し同業者を驚かせた。一八九二年には『大朝』も同輪転機で印刷するようになる。

さらに一八九三年、『大朝』は元内閣書記官長で、国粋主義の論客としても知られた高橋《たかはし》健三《けんぞう》を客員でありながら、事実上の主筆として迎え入れた。その結果、高橋の水準の高い論説によって、政界、言論界での『大朝』の声価が高まり、高橋につながる優秀な人材が迎え入れられた。

『朝日新聞』はマリノニ式輪転機の早期導入に見られるように新技術の導入に熱心であった。たとえば『東朝』創刊直後の一八八八年七月一五日、福島県の会津磐梯山が噴火、水蒸気爆発で山容が変わり、五〇〇名近い死者を出す。『東朝』は古屋次郎記者を派遣するとともに、西洋画塾と西洋木口木版《こぐちもくはん》製作を兼ねていた生巧館《せいこうかん》に依頼して、西洋画家山本芳翠《やまもとほうすい》を送り込んで現地で直接版木に写生させ、持ち帰った版木を生巧館主合田《ごうだ》清《きよし》が彫り上げたものを、八月一日、絵付録「磐梯山噴火真図」として発行、その真に迫った噴火の様子は大きな反響を呼んだ。

また、写真を新聞に掲載したのも早く、日清戦争開戦直前の一八九四年六月一六日には、『東朝』の付録一ページ全面を使用してソウル市街と朝鮮兵士の写真を掲載している。この付録写真は、その前年に小川一眞《おがわかずま》が米国シカゴで開催のコロンブス博覧会に出かけた際に購入した「写真銅版製造機械」で製作したものであった。日清開戦直後も、『東朝』は八月四日付録に写真版の「清国北洋艦隊靖遠号之図」や、八月一〇日付録で木口木版による山本芳翠筆の「朝鮮豊島沖海戦之図」（本書第2章Ⅲ）を掲載した。しかし、『東朝』も『大朝』もこの後、写真版や大判の木口木版で戦争関連の画像を読者に提供することをやめる。

その理由のひとつは、新しい印刷技術である輪転機と網目写真銅版の相性が悪く、輪転機で印刷する新聞紙の本紙に、写真を直接印刷することが困難だったからである。そのため網目銅版製版した写真や大判の木口木版画は、本紙とは別に、印刷スピードの遅い平台《ひらだい》印刷機で印刷して、別冊付録とするしかなかった。戦場の写真が輪転機で印刷する本紙に登場するのは、一〇年後の日露戦争を待たなければならない。

日清戦争で『朝日新聞』は、時間・費用ともかかる写真版と木口木版による画像提供よりも、従軍記者や大本営のある広島から送られてくる大量かつ詳細な戦争情報を活字で素早く伝えることを選択する。そのために号外の発行と増ページ（通常六ページを八ページ）に積極的に取り組み、図版は簡易なものを添えるにとどまった。

『大朝』が一八九四年に発行した号外は六六回、翌九五年は八〇回に達し、しかも関西では号外は本紙とともに戸別配達されたので、号外は実質的には無料で増ページすることを意味した。『大朝』は日清戦争の号外戦に勝利して、近畿圏を押さえていくことになる。

『朝日新聞』の取材体制

では『朝日新聞』は日清戦争に際してどのような取材体制をとったのだろうか。

『東朝』が、六月初め山本忠輔記者を最初に朝鮮に派遣したのにつづき、『大朝』から西村時彦（天囚）と西村時輔の兄弟が朝鮮と下関に送られた。

その後も特派員は増加し、九月一九日の『大朝』の社告は、朝鮮には、すでに西村時輔（漢城）、小川定明（北進軍）、青山好恵（仁川）、天野皎（釜山）の四名の特派員がおり、これに加えて西村天囚、横沢次郎、横川勇次の三名を清に向かう軍に従軍させる予定であることを伝えている。以上の海外の特派員に加え、国内では大本営のある広島に若松永胤・鈴木巌を、下関に福田磋次郎を派遣していることも記している。西村天囚は開戦前に渡韓して成歓の戦いに従軍した後、一度帰国していたが、再度の従軍である。下関に特派員を置いた理由は、朝鮮や清国内の戦地から船便で送られてきた記事を、下関から大阪へ、あるいは東京へ電送するためであった。

国外で病に倒れる記者もあった。第五師団に従軍して平壌に向かった小川定明は赤痢に罹《かか》り、下痢と高熱に悩まされながらも平壌にたどり着き、連載の「従軍日記」とともに、平壌占領を描いた紙面一ページを埋め尽くしても足りない長大な記事「平壌の大捷」（『大朝』一〇月八日）を寄稿している。また、西村時輔は漢城に滞在して「甲午戦記」などの記事を執筆していたが、一二月三日、腸チフスと心臓病を併発して死亡した。

戦争終了後の一八九五年一二月一〇日、東京築地本願寺で「従軍死亡記者追弔会」が開かれ、日清戦争の従軍取材中に死亡した『大朝』の西村時輔を含め九人の記者を慰霊している。

一八九四年一〇月から一一月にかけて、戦場が朝鮮から清国内に移動する段階になると、第一軍に横沢次郎と小林環、宇品から海路で直接に遼東半島に上陸した第二軍に山本忠輔・天野皎が従軍する。

海軍には横川勇次が従軍し、遼東半島と威海衛の攻略を報じた。特に威海衛攻撃の際、横川は水雷艇に同乗し、北洋艦隊の残存艦に対する水雷艇の夜間攻撃を体験して生々しい戦闘の模様を伝え、読者を驚かせた。彼ら特派員は長大な記事を郵便で送ってきたので、これらは連日、本紙と号外に連載された。

さらに講和会議が始まると、広島にいた福田碇次郎を下関に送り一般報道を担当させるとともに、高橋健三と西村天囚を送り込んで、講和交渉の詳細を伝えようとした。しかし、政府の徹底した秘密主義のために、講和条約交渉の経緯とそれにつづく三国干渉・遼東還付の詳細は判明せず、憶測と外国語新聞からの引用で記事を書くしかなかった。

では、以上のような日清戦争報道は『朝日新聞』に何をもたらしたのだろうか。

まず新聞の発行部数が増加した。『大朝』の場合、一日平均発行部数は、一八九三年下半期の七万五〇〇〇余部が、一八九四年上半期には九万三〇〇〇余部、同年下半期には一一万七〇〇〇余部となった。『東朝』も着実に伸び、一八九四年上半期は七万六〇〇〇余部で、東西合わせると、一八九四年上半期は一七万部弱、下半期は二〇万部に達したと推定され、全国一の発行部数となった。

発行部数増は新聞販売代金と広告料金の増加に結びついたが、一方で経費の増大も深刻だった。増ページと号外の大量発行は新聞用紙の消費増につながり、開戦とともに輪転機用の新聞用紙を納入していた王子製紙から用紙代値上げ要求があり、そして多数の特派員派遣のための経費と下関・広島から長文の記事を電送するための高額の電信経費が必要となった。

いずれにせよ、体力のある新聞社のみがこのような戦争報道による経費増大に対応が可能で、かつ経営の合理化や紙代値上げを行うことができたのである。その意味では『朝日新聞』は、その勝利者の一人であった。

高級紙『時事新報』の戦争報道

『朝日新聞』は図版・画像よりも、従軍記者などからの膨大な戦争データを活字で紙面に詰め込む報道方針を選択したが、有力紙のなかには画家を従軍させて、紙面に多数の挿絵を掲載するという、グラフィクメディアを活用した新聞もあった。

日清戦争段階で最先端の画像技術は写真である。写真の感光材はガラス乾板が一般的であったが、一八八〇年代には重く壊れやすいガラスの代わりに、セルロイドや紙に感光乳剤を塗った、シートフィルムやロールフィルムが開発され、日清戦争でもガラス乾板と並んで使用された。

当時の写真は静止した対象を撮ることには優れていたが、動きがある戦闘画面を撮るのは困難であった。美術史家の木下直之は、日清戦争段階では戦闘場面を伝統形式の枠内で描く錦絵(多色刷りの浮世絵)と戦場の停止した風景を撮る写真が補い合っており、さらに錦絵と写真の中間に位置する、より写実的な戦争画の需要が生まれ、主に洋画家が従軍して戦争画が描かれたと指摘している(木下直之『写真画論』)。

日清戦争に従軍した洋画家は、小山正太郎《こやましょうたろう》・浅井忠《あさいちゅう》・黒田清輝《くろだせいき》・山本芳翠がよく知られている。小山はパノラマ館用の戦闘場面を描くために第五師団に従軍して平壌まで行き、浅井・黒田・山本は大山巌の第二軍に従軍して遼東半島にいたり、金州・旅順の戦闘を体験した。このほかに英国の画報『グラフィク』誌に依頼された風刺画家ジョルジュ・ビゴーは朝鮮から金州辺りまで行き、携帯した写真機で撮影するとともにスケッチを描き、彼のスケッチと文章は毎号の『グラフィク』誌上に登場した。

先述した洋画家のうち、日本の新聞社に直接依頼されて戦場に赴いたのは、『時事新報』に雇われた浅井忠である。同紙は福沢諭吉の経営で、特に経済関係記事に定評のある高級紙として知られていたが、甲午農民戦争を契機に朝鮮への出兵が行われて以後、他紙以上に激しい対清・対朝鮮強硬論を展開する。さらに開戦以後は「表誠義援金」募集を行うなど、日清戦争の報道と戦争への協力に熱心な新聞として知られていた。

すでに『時事新報』は輪転機を導入して印刷を行っていたが、今泉一瓢《いまいずみいっぴょう》の風刺画・漫画を掲載するなど図版を重視する編集を行っていた。六月一四日の漫言「白どんの犬と黒どんの犬と」では、朝鮮に出兵してきた清兵が兵糧も準備せず入国して、朝鮮を食い尽くしていることを漫画入りで皮肉っている。つづいて六月一六日から二八日まで、八回にわたる挿絵入りの連載「明治十七年京城の乱」では、甲申政変時の清兵と朝鮮人による日本人に対する乱暴狼藉《らんぼうろうぜき》を非難し、敵愾心《てきがいしん》を煽った。

浅井忠と「画報隊」

天皇が広島に向かって東京を発った九月一三日の『時事新報』社告は、「時事新報の特派員」として、平壌の戦いを控え、漢城に石川信が滞在し、間利子五郎・杉幾太郎・高見亀の三特派員は軍隊とともに平壌に向かっていることを記した後、「戦況画報」を掲載するため「画報隊」を組織し、画報担当の浅井忠・安西直蔵と写真担当の浅井魁一を派遣することを報じている。

浅井忠は佐倉藩士の出身で、工部美術学校でアントニオ・フォンタネージに洋画を学び(フォンタネージ帰国後、退学)、明治美術会を創設した著名な洋画家である。写真担当の浅井魁一は従兄弟であった。安西は米国留学から帰国後、小山正太郎に絵画を学んでいた。

彼らは九月一一日に東京を発って朝鮮に向かい、平壌の戦闘の跡を取材後、遼東半島の花園口に上陸した。この頃、画報隊から安西の名が消え、金州と旅順への攻撃を目撃したのは浅井忠と浅井魁一の二人であったらしい。また画報隊に加えて、花園口に上陸後は、第二軍従軍の『時事新報』特派員堀井卯之助も行動をともにして従軍記を書いている。

画報隊の図が最初に見えるのは、九月二六日に掲載された「操江の捕虜、宇品より松山に護送の図(本社画報隊の実見したる所に係《かか》る)」という日本国内の広島・宇品港で見た清軍捕虜の図である。その後、朝鮮の図が一八枚と、花園口上陸から旅順の戦闘までの満州の図が

浅井忠「戦争後の旅順市街」『従征画稿』（春陽堂，1895年５月）

一五枚、合計三四枚の図が掲載された。

これらの図がどのように作成されて『時事新報』に掲載されたか不明な点がある。浅井魁一の撮影した写真を元に、浅井忠がスケッチを描いたとも考えられるが、残念ながら現在、浅井魁一の戦場写真を見ることができないので、確かなことは言えない。

画報隊の図は、一二月六日の「戦争後旅順の惨状（画報隊報）」で唐突に終わる。浅井の残したスケッチブックや『従征《じゅうせい》画稿《がこう》』には、旅順から金州に帰る間に描いた図があるのだが（たとえば「旅順の敗兵金州湾に凍死す」）、新聞紙上には掲載されていない。

この頃、『時事新報』は海外メディアによる旅順虐殺事件報道を否定することに熱心で、「旅順の殺戮無稽の流言」（一二月一四日、社説）では日本軍は民間人を殺しておらず、殺したのは軍服を脱した清軍兵士であり、今後ともこのような兵士は「遠慮なく殺戮を行うて毫《ごう》も差支なきことを断言する」とまで言い切っていた。そのため旅順虐殺を匂わす浅井たちのスケッチや写真は不都合であったと推察できる。

しかし、『時事新報』は紙面に西洋画家による図版を掲載すること自体をやめてしまったわけではない。この後、講和条約交渉開始を控えて、澎湖諸島占領作戦が始まると、再び画報員として高島信を比志島支隊に従軍させている。

『国民新聞』と日本画家久保田米僊父子

日清戦争では、西洋画家だけでなく、日本画家も従軍している。徳富蘇峰の経営する『国民新聞』は、戦場の図を紙面に掲載することを重視して、社員の久保田米僊とその息子である米斎・金僊《きんせん》を従軍させた。

雑誌『国民之友』で成功した蘇峰は、当時のイギリスのジャーナリズムの新たな動向に範を取り、従来の政論本位の新聞から社会報道など多様なニュースを提供し、多くの挿絵を使用する、「中等民族」のための中新聞の設立をめざし、そのスケッチを「天下一品」と考えていた日本画家久保田米僊を設立時から社員として招聘していた。

久保田米僊は京都生まれの日本画家であったが、京都時代から『我楽多珍宝《がらくたちんぽう》』(一八七九年創刊)の編集に参加して洋画風のポンチ絵を描いていた。一八八九年、私費でパリ万博を見聞、『京都日報』紙上に「巴里《パリ》随見録」という挿絵付見聞記を寄せ、また『国民新聞』に入社後も、一八九三年の米国シカゴのコロンブス博覧会をレポートしている。

米僊は若いときから西洋画の持つ写実性に注目しており、二度の「外遊」で欧米美術への知見を深め、また一方で有職故実研究と日本画における「歴史画」の先駆者でもあった。蘇峰は、米僊日本画の和洋折衷の写実的様式と彼のジャーナリズム経験を評価していたのである。

「後三年《ごさんねん》の絵巻物〔中略〕、平治の巻物、蒙古襲来の巻物」にならい、戦地の「写生画」を描き後世に伝えたいとの意気込みを持ち（「米僊自伝」『米僊画談』所収）、米僊と息子たち（米斎と金僊）は次のような日程で従軍した。

一八九四年六月一二日、米僊と米斎は東京を発ち、二一日仁川に到着、漢城に向かった。その後、七月下旬米僊は一時帰国し、その間、米斎が七月二三日の朝鮮王宮占領や牙山の戦闘を取材している。八月中旬、再び米僊は『国民新聞』従軍記者の阿部充家《あべみついえ》とともに朝鮮に渡航し、平壌の戦闘を取材して、一〇月広島に帰った。このとき、川上参謀次長に依頼されて米僊は大本営に出頭し、明治天皇の前で鯛・鷹・虎・鶴を席画している。

『国民新聞』は一〇月三一日の第一面に、「国民新聞特派員の絵画天覧に入る」の記事を掲げ、一八九五年元日の付録に天覧揮毫《きごう》した絵の多色刷り縮図を掲載して宣伝に努めた。もう

久保田米僊「平壌に入城する日本軍」 日本兵の後ろに従軍記者（左），軍夫（右）が続く．「米僊従軍画報」で掲載した絵をさらに精密に描き直した作品．『日清戦闘画報　第4篇』（大倉書店，1894年）

一人の息子である金僊は第二軍司令部に所属して、金州と旅順の作戦に従軍し、さらに翌年の山東作戦に従軍するために広島で待機中に病に倒れたので、兄の米斎がピンチヒッターとして従軍した。

『国民新聞』紙上には、六月一四日から八月二日までの間、米僊の名を冠した「米僊入韓画報」「米僊朝鮮京城画報」「米僊画報」シリーズが次々掲載されたが、米僊の名を冠していても、前述の事情から米斎の絵が混じっている。米僊の一時帰国後は、米斎による「京城画報」「従軍画報」が八月と九月上旬を補い、さらに再従軍して平壌に向かった米僊による「米僊従軍画報」が九月一二日から一一月六日まで続き、ここに有名な平壌の戦闘図が登場した。この後、第二軍に従軍した金僊による「金僊従軍画報」（一二月九日から一二月末）と山東作戦に関する「米斎画報」（一八九五年二月九日から三月下旬）が掲載されている。

米僊父子の従軍記はこれで終わったが、一八九四年六月上旬の混成第九旅団の第一次輸送隊が到着以来、翌九五年の山東作戦までをカバーし、ほとんど途切れることなく画家である久保田米僊・米斎・金僊の父子を従軍させて、膨大な戦争画を記事とともに掲載したのは偉観であり、他の新聞を寄せ付けなかった。

写真と絵画の差異

では、久保田米僊たちの報道画は何を描き、何を読者に伝えようとしたのだろうか。米僊の名を冠した「米僊入韓画報」「米僊朝鮮京城画報」「米僊画報」「米僊従軍画報」の一四九点の図には、戦闘場面そのものを描いた図はわずか一三点（九％）、広義の軍事行動に属する行軍・野営・戦闘終了後の戦場風景が五二点（三五％）、名所旧跡・風景・建築・風俗習慣を描いた図が七九点（五三％）で半数を超えている（福永知代「久保田米僊の画業に関する基礎的研究(2)」）。

従軍した画家も写真師も、実際の戦闘場面にいたわけではなく、戦闘を後方、そして遠方から見ていたのである。当時の技術では、写真は動きのある戦闘場面を至近距離から撮影することはできず、再構成した場面を写すしかなかった。つまりは〝ヤラセ写真〟である。

一方で、画家が戦闘場面を描く際は、事後に得た情報から再構成して描いたので、日本画の場合は時間と動きを書き込んだ説明的な錦絵に近くなる。戦場風景や名所旧跡などを描く場合は写真に近いが、より鮮明にディテールを描き、説明的要素を追加することができた。『国民新聞』にとって画家を従軍させた意味は、国内でも情報を集めて描くことができる戦闘場面ではなく、現場でしか描けない朝鮮・満州の風景や、戦場の敵味方の兵士や住民の有様、そして荒涼とした戦闘後の戦場風景を掲載することにあった。米僊たちは限界のある当時の写真を補う「人間写真機」として機能したが、当時の新聞読者には洋画よりも、和洋折衷の写実的日本画のほうが受け入れやすかったと思われる。

米僊たちの絵画は本紙の図版に使用されるだけでなく、大判の別冊付録にもなり、また特派員の通信を収録した民友社の『日清軍紀』（上下巻）の挿絵としても大いに活用された。また米僊たちも、民友社から離れて、自分たちで『日清戦闘画報』シリーズを一一冊まで刊行し、同じ書店から「彩色奉書大判一枚」に摺《す》った戦闘図を売り出した。さらに依頼を受けて、日清戦争をモチーフとする日本画を描いている。

川崎三郎『日清戦史』全七巻

以上で述べた新聞による報道のほかに、雑誌、錦絵・石版画あるいは写真など、さまざまなメディアによって、戦争と戦地の情報が伝えられ、死亡した将兵を顕彰・慰霊することも戦争の進行とともに行われた。そして、この近代最初の対外戦争が終了すると、さまざまな形で戦争と参加した兵士を記憶し、顕彰する動きが始まった。勲章・従軍章の授与、戦勝記念碑・従軍記念碑の建立、戦死・戦傷死者の墓や慰霊施設の建設、従軍者名鑑の発行などが行われたが、最後に求められたのは、戦争の原因と個々の戦闘を描き、参加した将兵を戦闘のなかに位置づけ、戦争の終結とその成果ならびに教訓を描く、日清戦争の全体史であった。

日本の古代国家は中国の影響下に正史を編纂し、戊辰戦争に勝利した明治政府も、『復古記』をはじめとする戊辰戦争・維新史関係書籍の編纂を行い、水戸藩の『大日本史』を継承する『大日本編年史』編纂のための国家機関を設置した。一八七七年、西南戦争が始まると国史編纂を業務とする太政官修史館は『征西始末』などの編纂を始めたが、できあがった稿本は刊行されず、陸軍と海軍の部局史としての戦史のみが刊行された。その結果、日清戦争についても政府による統一的戦史編纂の試みはなく、陸軍と海軍の部局史である、『明治二十七八年日清戦史』と『廿七八年海戦史』が、一〇年後の日露戦争中に公刊されただけである。

これに対して、民間でもいくつかの戦史編纂の試みがなされた。その最も成功した例が、一八九六年から翌年にかけて博文館から出版された川崎三郎（紫山）による『日清戦史』全七巻である。各巻、本文が三〇〇ページ以上、口絵は網目銅版写真による肖像写真、軍艦や戦場の写真および地図が一〇数ページである。本文は二段組みで、上段に小活字で関連資料や戦闘の批評が詰め込まれ、下段に川崎による日清戦史が叙述され、この部分だけで四〇〇字詰め原稿用紙で二五〇〇枚以上に達する。

いまでは忘れられているが、川崎は当時は有名なジャーナリストで史論家でもあった。一八六四年、水戸に生まれた川崎は、私塾自強舎で学んだ後、一八八〇年頃上京して、短期間の大蔵省勤めの後、ジャーナリズムの世界に身を投じ、次いで新興出版社の雄であった博文館の企画に参加し、『万国歴史全書』『世界百傑伝』『日本百傑伝』のシリーズに健筆を振っていた。また『戊辰戦史』と『西南戦史』を一人で執筆し、若くして史論家として名を馳《は》せていた。彼は武断的な東洋経綸を主張するアジア主義者で、渡辺国武（大蔵官僚、第二次伊藤内閣蔵相）の庇護の下にあった。

日清開戦前の川崎は『中央新聞』（国民協会の代議士大岡育造《おおおかいくぞう》の経営）の記者であり、第二次伊藤内閣を批判する「新聞記者同盟」のリーダーとして対外硬派の一翼を担った。一八九四年六月以降、日清開戦の危機が高まると、彼は小冊子『朝鮮革新策――一名日清開戦論』

を執筆し、早期日清開戦と朝鮮の保護国化による内政改革論を主張した。開戦後は、第一軍司令部に同行して朝鮮に向かい平壌にいたったが、ここで病気となり、以後従軍記者としては活躍できなかった。

川崎は対露提携論を中心とする外交論を展開していたが、三国干渉は彼にショックを与え、以後、戦争に勝って戦争目的が達成できなかった、失敗した戦争である日清戦争の実相を伝え、国民に「覚醒の念」を喚起するため『日清戦史』執筆に没頭した。

『日清戦史』序文で川崎は、開戦時から日清戦史編纂の志があり、資料収集を進めてきたと書いているが、刊行前に春陽堂から川崎が執筆した『日清海戦史』（一八九五年一二月）と『日清陸戦史』（九六年六月）が出版されていたので、この二冊とその執筆資料が『日清戦史』で利用されたことは間違いない。また博文館の雑誌『日清戦争実記』の写真や記事が転用されたことも疑いがない。

ちなみに『日清戦争実記』は、一八九四年八月創刊、月三回刊行で定価八銭、判型は菊判、全部で五〇冊発行された。各冊の実売数は平均約六万五〇〇〇部。当時では大ベストセラーであった。雑誌の多くは、口絵が四～五ページで、本文一〇〇ページ以上。中心は全編で約七〇〇枚に及ぶ肖像写真であった。

いずれにせよ、春陽堂の『日清海戦史』『日清陸戦史』が戦闘の歴史に限定され、『日清戦争実記』が戦争の時事的情報を伝えているのに対して、『日清戦史』は「総論」「開戦原因論」「陸戦と海戦の経緯」「開戦外交および終戦外交」「戦争と国際法」「台湾の戦争」を詳述した戦争の総合史である点が決定的に異なっている。さらに、『日清戦史』の叙述のなかで、川崎が第二次伊藤内閣の対朝鮮政策と外交政策に厳しい批判を加えている点は重要である。

その後、類書が少ないこともあって『日清戦史』は長く版を重ね、読者の日清戦争観に影響を与えた。このことは、日清戦争の勝利によっても、戦争を指導した藩閥勢力への批判は簡単にはやむことがなかったことと無関係ではないだろう。

II 地域と戦争

義勇兵と軍夫

日清戦争は近代日本が初めて外国との全面戦争となったものだが、この戦争は日本の各地域にどのような影響を与え、どのように受け入れられたのだろうか。ここでは、以前分析した仙台（第二師団所在地）と名古屋（第三師団）を具体的な事例として取り上げる。

朝鮮への出兵が行われると、対外硬派やジャーナリストは対朝・対清強硬論を展開し、第二次伊藤内閣の軟弱外交に対する批判を繰り広げた。しかし、多くの民衆は、この段階では朝鮮問題に無関心で、一部の人々だけが声高に騒いでいる状況であった。政府も秘密外交を行い、国民に対して戦争協力を呼びかけることはなかった。

そのような状況のなかで、自発的な戦争参加・協力の動きとして、戦争直前の一八九四年六月下旬から全国各地で義勇兵運動が発生し、この動きが民衆の間に戦争気分を浸透させた。義勇兵とは、民間人による非正規の軍隊を組織して、民衆自らが対清戦争に参加しようとする動きである。徴兵制による正規軍を整備してきた政府の方針とは矛盾する動きであった。

日清戦争時に、義勇兵を組織しようとしたのは、旧士族層が結集した集団、剣道場を中心とする国粋主義的な剣客集団、民権派、俠客《きょうかく》（博徒）などであり、それらが重なり合った義勇兵組織もあった。これは民衆による下からのナショナリズムの顕れと評価することができるが、政府はこのような民衆の自発性を受け止めることができず、開戦詔書を公布した直後の八月七日に、「義勇兵に関する詔勅」を出して、義勇兵運動を禁止する。

たとえば、仙台では、朝鮮への出兵の報が伝わると、関震六《せきしんろく》が中心の仙台義勇同盟と細谷《ほそや》直英《なおひで》が中心の仙台義団という、二つの義勇兵運動が発生した。

関も細谷も元は仙台藩士である。年長の細谷は戊辰戦争では、博徒を集めた衝撃隊（鴉《からす》組《ぐみ》）を組織して官軍を悩まし、明治維新後は北海道開拓使や磐前《いわさき》県の職員となっていた。二人の歩みが交差したのは、西南戦争の際の警視隊募集のときであった。

西南戦争に際して、警視局に勤務していた旧仙台藩士の横尾東作《よこおとうさく》（幕末に仙台藩が組織した洋式軍隊である額兵隊の隊士で箱館で官軍と戦闘）・中川操吉《なかがわそうきち》・樋渡《ひわたし》正太郎《しょうたろう》は仙台で警視隊募集を行い、これに旧仙台藩士が応募した。中川と樋渡はニコライ司教の教えを受けたハリストス正教徒だったので、応募者に旧仙台藩士のなかで勢力を拡大していたハリストス正教信徒が多数参加したことが注目される。このとき、細谷と正教信徒となっていた関も警視隊に参加し、九州を転戦した。

九州から凱旋後、細谷は士族授産事業に参加し、県庁職員となる。関は民権結社の鶴鳴社《かくめいしゃ》に参加した。そして一八八二年、朝鮮で壬午軍乱が起こると、全国的に義勇兵運動が発生したが、仙台でも義勇兵の組織化が企てられ、関も細谷もそれに参加した。

以上のような歴史的な経過のうえに、日清戦争に際して仙台義勇同盟と仙台義団の二つの義勇兵運動が発生し、関と細谷はその中心になった。関が組織した仙台義勇同盟には旧士族層と民権派が参加していた。また細谷が組織した仙台義団には旧仙台藩士沼澤与三郎の組織した宮城撃剣社が参加したので、旧士族層と剣客集団が参加した。そして剣客集団のなかには、俠客も含まれていた可能性がある。

仙台以外の宮城県下では、藩政時代に有力家臣が分封されていた小城下町ごとに義勇兵運動が発生した。ここでも運動の主体は旧士族層が中心でありながら、それ以外の人々も参加する。宮城県下では、旧仙台藩時代と戊辰戦争の歴史的経験を踏まえながら、さまざまな義勇兵運動が発生し、民衆のナショナリズムが対外戦争を契機に国家的なナショナリズムに参加していく様相が見られた。そして義勇兵運動は、周辺の朝鮮問題や清との戦争に無関心な人々に影響を与えていった。このような傾向は宮城県だけに限らず、それぞれの地域の歴史的経験に影響されながら、全国的に見られたのではないだろうか。

宮城県を含む東北各県（福島・岩手・山形、ただし秋田・青森は不明）では、不足していた輜重輸卒を補うために、第二師団が各県庁に依頼して軍夫を募集する。その数は、宮城・福島が各二五〇〇名、岩手・山形が各一四〇〇名に達し、そのほか馬を世話する口取り人夫一〇〇〇名も求められた。ところが、大都市のない東北地方では、短期間に多数の労働力を集める手段がなく、そのため、義勇兵運動を展開した団体や、それとは関係のない軍事支援団体（たとえば山形市の山形義勇団）と行政側が協力関係を持ちつつ軍夫募集が行われた。そして、「千人長」「百人長」と呼ばれた軍夫集団のリーダーには、県庁職員や義勇兵運動・軍事支援団体の関係者が就任した。また、県は郡を通じて市町村に軍夫を募集することを命じたため、最下級のリーダーである「二十人長」に地域のリーダー的人物が就任することもあった。

義勇兵運動が軍夫送出に変化した事例は東北以外でも見られる。たとえば、全国でも最も強力な自由党の地域組織であった神奈川県青年会が義勇兵運動を展開し、義勇兵停止の詔勅が出た後は、軍夫送出に転換した。この動きは三多摩壮士のリーダー森久保《もりくぼ》作蔵《さくぞう》の組織した軍夫「玉組」として実現し、彼らは第一師団に従軍している。各地で事例を掘り起こせば、このような事例は決して稀ではないだろう。

軍夫募集

戦争情報が豊富であった都市部は別として、情報の少ない地域の人々にとって戦争が身近に感じられるようになるのは、軍隊・軍夫の動員が始まって以後であった。

仙台の場合、一八九四年七月末、第二師団参謀長大久保春野《おおくぼはるの》大佐が宮城・福島両県の兵事担当者を呼んで、師団出動に必要な軍夫募集を依頼した。宮城県庁はこれを各郡市に割り当て、仙台市の遠藤庸治《えんどうようじ》市長は細谷らの仙台義団に軍夫募集を委託している。

義勇兵運動が高揚し、朝鮮での日本軍勝利の報に沸くなかで、軍夫募集は熱心に迎えられ、八月六日から軍夫の体格検査が始まった。九月二五日に第二師団充員令（在宅の予備役将兵を軍隊に召集する命令）が発せられると、一〇月一日、宮城県下の検査に合格した軍夫は県庁に召集され、再度の検査を受けて採用された。

仙台市民にとっては義勇兵運動と軍夫募集が最初の対外戦争の体験であった。つづいて充員令伝達の後、召集された将兵と奇妙な出で立ちの軍夫が市内に現れると興奮は高まった。「一昨日の着到は四百余名を四隊に分ち、其内第一着百人組は旧会津藩士にて白鉢巻に小袴を穿《は》き、銘々に大刀を横たえ隊号の旗を真っ先に押立て、勇気凜々《りんりん》として乗込みしは天晴《あっぱれ》昔ゆかしゅうぞ見うけられき、尚お其他《な》は侠客七分農工商三分にて何《いず》れも屈強の者とぞ聞こえぬ」（『奥羽日日新聞』一〇月二日）。福島から到着した軍夫は、時代錯誤の風体で人目を引いた。旧会津藩士は大刀で武装していたが、それ以外の侠客・一般民も、ピストルや長脇差しで武装していた。

人々は充員令が出るのを待てず、各地で軍人予備送別会を開き、その模様が新聞紙上に掲載されてもいた。充員令の一ヵ月半も前の八月六日、宮城県下の白石《しろいし》で町議会議員一同が発起人となって開かれた軍人予備送別会では、最初に発起人より軍人出征後の家族保護方法の説明があり、詔勅奉読・演説・送辞と答辞・宴会と余興（踊り・パフォーマンスと撃剣）・花火が行われた。他町村では軍夫も参加することがあるが、式次第は各市町村で共通していた。

兵士の動員と歓送

そして、人々が待ちに待った第二師団の動員が始まり、予備役（九月二五日）、後備役（一〇月六日）の召集が始まると、盛大な歓送が行われた。

白石では九月二六日に、鉄道の駅に「郡内官民一同白石小学校生徒宮村信義会員等大旗を押立て無慮五千余名停車場に集り、一同万歳を唱えて」、第二師団所在地の仙台に向かう兵士を送った。白石は地味なほうで、他町村の例では、「警鐘を乱打」「毎戸国旗を掲げ」「軽装して東西を奔走」「煙火を打揚げ」「宴会」「感泣に咽《むせ》ぶ」といった例が見られた。群集、整列、行進、制服などの非日常、万歳・警鐘乱打・煙火などの騒音、その結果として奔走・感泣など町村レベルの興奮状態が出現し、送る者と送られる者の心を摑んでいった。

軍人予備送別会・召集兵歓送で高まった戦争気分が一気に爆発したのは、一〇月二九日から一一月三日まで続いた、六日間に及ぶ仙台から広島に向かう出征軍隊の歓送行事である。

新聞紙上には、県知事主催の第二師団出征将校送別会をはじめ、各連隊・各大隊単位のくだけた送別会の記事も見える。青葉城内に駐屯する第一七連隊軍旗留別《りゅうべつ》会では、各中隊が平壌陥落・北京乗取りなどの大飾り物を用意し、将校・下士官の家族も参加して音楽を演奏し、留別の盃を交わした。夕刻以降、将校団と下士官団に分かれて宴会、連隊長・師団長挨拶、余興の撃剣と手品が行われた。

第二師団は臨時に開設された長町《ながまち》軍用停車場から出征した。長町には高さ三丈（五メートル以上）の緑門（杉などの常緑樹で作った凱旋門をイメージした建造物）が準備され、そこには「陸軍万歳」「第二師団」「征清」などの文字があり、それらは、栗・唐辛子・灯心《とうしん》・豆・

胡桃《くるみ》・昆布で造作され、「勝栗、唐枯し、討清、健全で来る身を喜ぶ(かちぐりとうがらしとうしんまめでくるみをよろこぶ)」の意を寓していた。戦勝を願うとともに、出征兵士の無事帰還を祈る心情が表れている。

一〇月三一日の『東北新聞』は、二九日の出征歓送行事について、「仙台市民は及ぶ丈の力を以て軍隊見送りの赤心《せきしん》」を表した、で始まる記事を掲げ、当日の市内が国旗・陸海軍万歳の旒旗《りゅうき》・飾り物・菊花・造花・提灯で覆い尽くされ、長町停車場には官公庁吏員・仙台兵事義会会員・赤十字社関係者・各学校生徒が前面に堵列《とれつ》し、その後ろに群集が群がり、万歳の声と煙火の音が響き、藩政時代の出陣装束で老奇人沼澤与三郎が法螺貝《ほらがい》を吹き鳴らすなか、兵士が乗車した様子を描いた。兵士たちは駅ごとに見送りを受けながら、広島に向かった。

一一月三日、最後の部隊が仙台を離れると、市内はすっかり寂しくなり、充員令発動以来、一ヵ月間にわたって動員された兵士や軍夫の消費で賑わった旅館・商店の客足はぱったりと止まった。仙台の新聞『東北新聞』を読むと、出征後も市町村単位でさまざまな行事が行われていることがわかる。出征兵士に対する戦勝祈願会、山東作戦の戦勝が伝われば戦勝祝賀会、義捐金《ぎえんきん》・恤兵《じゅっぺい》献納品募集のキャンペーン、軍事公債募集記事、そして最も登場回数の多いのが家族扶助関係記事である。民衆の興奮と行政の施策が共鳴し合いながら、地域の銃後=戦時体制が作られはじめたのである。

戦場と地域を結んだ地方紙

一八九四年一〇月一四日の『東北新聞』に「従軍者への稟告《りんこく》」と題する社告が掲載された。社告には、兵士と軍夫の家族に戦地からの手紙を新聞社に提供するように、従軍者には家族知人宛の手紙を新聞社に送るようにという依頼文が載っていた。新聞社は戦地からの私信を掲載のうえ、返却したり、指定の宛先に郵送する。切手代は新聞社負担という仕組みである。

当時は新聞への投書が盛んであった。新聞社も記者の不足を補うため積極的に投書を掲載し、投書家のなかにはそれを足がかりに新聞記者や小説家になった者もいた。戦場からの手紙を紙面に掲載するのは、その応用である。この方法は、東京と大阪の中央紙も採用したが、地方紙にとっては決定的に重要であった。

当時の新聞は一枚の紙を二つ折りにした四ページが普通であった。一面と二面を論説・雑報（国内外の政治・経済ニュースが「雑報」）で埋め、三面は社会面（まさに三面記事）、四面は広告を掲載するのが、基本的スタイルである。中央紙は戦時報道のために、増ページと号外発行を行い、戦争が終わってもページを増やす傾向にあったが、地方紙が中央紙をまねるのは困難であった。

資本と印刷能力に差があり、編集スタッフが少なく、通信社が未発達だったため毎日の紙面を埋めるだけの記事や広告を確保するのが困難だったのである。日清開戦後も戦場に従軍記者を送るのは難しく、送ることができても、せいぜい一人だけだった。戦場からの手紙の募集は、戦争情報の不足を補うという意味と、なによりも郷土出身の兵士や軍夫の生の声を紙面に反映させるという点で、地方紙読者の要望に応える方法であった。戦場からの手紙に描かれた兵士の体験は断片的で、文章もパターン化されている場合があるが、知人や同郷の人々にとっては親しみやすいと感じられたらしい。

第二師団が広島にとどまっている間は、地元出身の海軍将兵やそれ以外の師団に所属する将校・下士官の投書が中心であったが、一八九五年一月、山東作戦が始まると第二師団の兵士・軍夫の手紙が増えてくる。『東北新聞』は匿名を可としたが、彼らは具体的に自分の姓名、出身地、所属部隊や作戦地を明記した手紙を寄せてきた。兵士・軍夫にとっては、掲載された実名の手紙は、家族や知友に自分の無事を知らせる挨拶状のようなもので、地方紙は戦場と地域を結ぶ掲示板のような機能も果たしていた。

こうした掲示板機能を積極的に使った例もある。宮城県牡鹿《おしか》郡出身の軍夫玉井庸四郎《たまいようしろう》は、『東北新聞』の松田常吉社長宛にたびたび手紙を書いてきた。その内容は、軍夫「牡鹿組」の移動状況を記した後、あるときは二〇名ほどの姓名を列挙し、別な手紙では「幸い牡鹿郡出身者には一名の患者も無之候間《これなくそうろうあいだ》、御安心被下度《くだされたく》候」と書いている。玉井は広島出発から、山東作戦、台湾の作戦まで継続して手紙を寄せ、故郷に彼らの安否情報を送り続けたのである。

『東北新聞』は従軍記者として桜田孝治郎《さくらだこうじろう》を派遣したが、彼は一貫して郷土部隊の後を追って取材を続けた。一八九五年二月二六日掲載の桜田「第二師団従軍記」に、「我東北新聞一月九日より二月二日迄の分到着し、軍人其他我も我もと争い読み居れり」との一節がある。また、三月七日掲載の「第一軍近況」なる記事では、桜田に一人の兵士が自分の投書の掲載号を送って欲しいと依頼している。さらに、仙台に住む六〇歳を超えた老軍医渡辺重綱が日清戦争従軍中に記した『征清紀行』に、渡辺が戦地から『東北新聞』に寄せた和歌を読んだと、旧知の佐久間左馬太占領地総督（元第二師団長）から声をかけられるシーンがある。このように、故郷の新聞は師団長から一兵卒・軍夫までが熟読する故郷の便りであった。

地元の新聞は従軍者にとって最も好まれた慰問品で、戦地と地域の銃後社会の間の情報の導管であった。この導管を通して、戦地と地域の銃後社会の間で情報が交換され、相互に刺激し合い、そして戦場の体験が一般化されて地域の新聞読者に共有されていったのである。

『扶桑新聞』記者鈴木経勲

いまも昔も新聞記者には個性的な人物に事欠かない。名古屋の有力地方紙であった『扶桑新聞』特派員として日清戦争を取材した鈴木経勲もユニークさでは人後に落ちなかった。

一八五三年、幕臣の子として生まれた鈴木は、講武所、昌平坂学問所を経て、フランス語を横浜陸軍語学所で学んだ。維新後、静岡に移住したが、二四歳のときに上京し自活の道を探った。いくつかの職を経験した後、フランス語能力を活かして外務省に入り、この間にマーシャル諸島に行って日本人漂流民殺害事件の調査を行い、この経験を活かして外務省辞職後、『南洋探検実記』(一八九二年)など南洋ものの著書三冊を著している。こうした彼の著作は明治期の日本人が著した南太平洋地域の民族誌の先駆けとして、後年、多くの研究者に賞賛された。そして、この鈴木は一八九三年一一月、『扶桑新聞』記者となり、翌年以降、四〇歳を過ぎていたが、日清戦争の取材に戦場を精力的に駆け回る。

実は鈴木の南洋調査については、太平洋考古学専門家の高山純による研究書『南海の大探検家鈴木経勲』によって、著作はすべて盗作と作り話で、彼は生まれながらの「虚言家」であるとの指摘がなされている。普通であれば、「ウソつき」新聞記者の従軍記を研究するのは意味がないが、私は彼の日清戦争取材が名古屋地域の人々の日清戦争認識にある程度の影響を与えたと考えるので、少し検討を試みたい。

鈴木は四回にわたって戦地に赴いた。第一回は一八九四年六月一二日から七月二八日までの朝鮮、第二回は八月一二日から一〇月一一日までの平壌戦への従軍、第三回は一八九五年一月一五日から四月二三日までの海城から牛荘・田庄台への従軍、そして第四回は、講和条約締結後、帰国直前の第三師団がいた遼東半島である。

第一回目の従軍は、開戦の直前に帰国したので、肝腎の朝鮮王宮占領も成歓の戦いも見ずに帰国してしまった。彼の見込み違いであったが、後年の「南洋翁回想録・四」（一九三七年）では、成歓の戦いで彼を含む従軍記者二一名が「紅綬隊《べにだすき》」なる抜刀隊を組織し、敵陣に切り込んでクルップ砲三門を分捕ったと回想している。もちろん根も葉もないホラ話である。

第二回従軍では、鈴木は釜山を経由して八月二九日に仁川に到着、仁川から漢江を遡《さかのぼ》って漢城に達し、そこから徒歩で平壌へ向かった。鈴木の「入韓日記」は八月三〇日から九月一三日まで断続的に掲載されたが、そこには文明の軍隊であるはずの日本軍のなかに大量の軍夫が混じり、朝鮮人に対して非文明的非行を行っていることを遠慮なく描き、批判している。

『扶桑新聞』は、「軍夫問題」キャンペーンとして、名古屋に集結した第三師団所属軍夫の乱暴狼藉と、軍夫募集を担当しながら、軍夫の取り締まりを行わず、軍夫給与のピンハネだけに熱心な軍請負業者の無責任を批判していた。鈴木の記事もその批判キャンペーンの一環であろう。

鈴木はほかの多くの新聞記者と同様に、混成第九旅団に従軍して九月一五日の平壌攻撃を取材した。このとき、彼は「速写撮影器」を持参していたが、これはコダックのロールフィルムを使用したカメラであったようだ。

盛況だった戦況報告会

戦場から帰った鈴木は『扶桑新聞』に記事を書くのではなく、体験した平壌戦を講演することに精力を注いだ。一〇月一七日から二〇日までの四日間、市内の末広《すえひろ》座・笑福《しょうふく》座・音羽《おとわ》座・京枡《きょうます》座で行った「非政談平壌激戦実見報告演説会」を皮切りに、年末の一二月二八日までの間に、愛知県各地と岐阜県の一部で五〇回以上の戦況報告会を行ったことが『扶桑新聞』紙上で確認できる。会場は市内では主に劇場を使用し、市外では寺院・小学校を会場としている。新聞で確認できる参加者は、最大で三五〇〇名、少ないときは数百名であるが、人数ではなく、「大盛況」「立錐《りっすい》の余地なし」などと記される場合もある。

新聞の記事では、演説の内容は、日本兵の勇壮、敵兵の怯懦《きょうだ》、平壌の景観、激烈惨憺《さんたん》たる戦闘の経過などを語って聴衆を沸かせたとある。一一月六日に名古屋市内の博文社から『扶桑新聞戦地特派員鈴木経勲君演説・平壌大激戦実見録』という冊子が発行されているが、この内容は鈴木の講演のようだ。

この冊子は、本文が二六ページで、鈴木の撮影した写真と称する挿絵が一三枚載っている。付録として「平壌に於ける豊橋十八連隊戦死将校以下下士卒の氏名」と「豊橋歩兵第十八連隊平壌攻撃の歌」が四ページである。そこでは、清軍が優秀な武器と豊富な食糧を持ち、堅固な平壌城によって地の利にも勝っていたにもかかわらず、兵士が憶病であったために、日本兵の武勇の前に敗れたこと、さらに第三師団所属部隊としては唯一平壌攻撃に参加した、豊橋歩兵第一八連隊所属の原田重吉の玄武門における活躍ならびに赤十字の活動を述べて、天皇・皇后・大日本帝国万々歳で締めくくられている。

このほかに、鈴木は『日清戦争従軍写真帳』（福島県立図書館佐藤文庫所蔵）を作成し、またこれらの写真から「幻灯種紙」（スライドのこと）を作って、大日本写真品評会名古屋支部と赤十字社主催の幻灯会（合計六回開催）で上映している。

鈴木の戦況報告会は、新聞に書かれていた参加者数は過大だとしても、半分程度に見積もっても、名古屋周辺で五万名を超える聴衆が彼の話を聞き、感動していたことになる。主催者が鈴木に感謝状や従軍記念章を贈ることもかなりの会場で行われている。

先に触れた実見録の叙述する戦闘経過には不正確なところがあり、鈴木が写したという戦闘場面の写真なるものは、当時の技術ではあり得ない紛《まが》い物で、鈴木の描いた稚拙なスケッチでしかない。しかし、多くの人々を戦況報告会に集め、巧みな話術で感動させ、戦争支持と協力の方向に導いたという点で、鈴木の活動には意味がある。

鈴木は二ヵ月半の講演活動を終えて、一八九五年一月一五日、歩兵第六連隊補充隊に従軍して名古屋を発ち、郷土部隊である第三師団が敵中で孤立していた厳冬期の海城に向かい、二月一七日に到着した。そこで清軍の攻撃と日本側の反撃、いわゆる海城の防戦を体験した後、三月に入ると第三師団に従軍して、牛荘・田庄台の戦闘を見聞し、多くの挿絵入りの戦闘記事を書いた。海城・牛荘・田庄台の戦闘を間近で見た従軍記者の数は多くないので、冷静かつ客観的なまなざしで戦闘を記録した鈴木の記事は、公刊戦史からはわからない戦争の実相を伝える貴重な記録である。

凱旋帰国と人々の歓迎

一八九五年四月、下関講和条約が締結され、直隷決戦が中止されると、出征軍の帰国と予備役・後備役兵の復員が始まった。帰国した軍隊を迎えて、全国で凱旋祝賀行事と戦没者を追悼する招魂祭が行われたが、ここでは宮城県の事例を紹介しよう。

東北の第二師団は台湾平定作戦に派遣されることになり、帰国・復員の命令が出たのは一八九六年三月末で、日本で最も遅く帰国した部隊となった。日清戦争が進行するなかで宮城県では、県下各郡町村に尚武会や兵事義会が組織されたので、県知事の下にこれらの組織が

「第二師団凱旋仙台停車場前歓迎の光景」1896年4月20日撮影（部分）『征台軍凱旋記念帖』（遠藤写真館，1896年）

統合されて凱旋歓迎を行う体制ができあがっていた。

仙台の第二師団は一八九六年四月下旬から五月初めにかけて次々と帰還したが、凱旋祝賀行事のピークは、四月二二日の乃木師団長の仙台到着と、翌日二三日の第三旅団司令部と歩兵第四連隊の到着であった。部隊が到着する仙台駅前に緑門の凱旋門が設けられ、その前で出迎えの人々の歓迎を受ける乃木師団長と将校たちの写真は、地元の遠藤写真館が出版した『征台軍凱旋記念帖』に収録されている。

歩兵第四連隊に続いて、もう一つの郷土連隊である歩兵第一七連隊が仙台に凱旋し、青森に駐屯する第四旅団司令部と歩兵第五連隊が仙台駅を通過していくと、凱旋行事は一段落して、次に戦没者の慰霊を目的とする大招魂祭の準備を伝える記事が紙面に登場しはじめる。「此回の招魂祭を以て神聖不瀆《しんせいふとく》敬虔厳粛《けいけんげんしゅく》の大典礼たらしめ、従来世にありふれたる浮華猥雑《ふかわいざつ》の会合たらしめざらんことを望む」と、『東北新聞』の社説（四月二六日）は述べたが、初めての大規模対外戦争の後の前例のない招魂祭であるので、問題は少なくなかった。だれを祀《まつ》るのか、つまり正規の軍人軍属ではない軍夫の扱いをどうするのか、招魂祭場における神道と仏教の関係、祭文朗読者、招待者・参列者の範囲、招魂式後の娯楽行事の扱いなど問題は山積していた。

第二師団招魂祭は、歩兵第四連隊駐屯地に隣接する榴ヶ岡《つつじがおか》公園で、五月二〇日と二一日に行われた。招魂祭事用の霊屋に設けられた招魂祠壇には、「第二師団所属並に第二師団管下出身軍人軍属軍夫の日清事件に関する戦死者及び病死者」を鎮祭した。二〇日、午前七時より神式の祓式《はらえしき》・招魂式が行われ、乃木師団長と『東北新聞』特派員だった桜田孝治郎の祭文朗読が続き、乃木以下、来賓・遺族・赤十字社員・各部隊・各学校生徒の参拝があって神式祭式が終了した。

参加者が一時退席している間に、仏式祭壇が設けられ、午前一〇時から再び仏式祭式が始まり、僧侶三〇〇余名が入場、北野元峰師が各宗派管長総代として弔文を朗読、僧侶の焼香と読経があった。この後、神式と同じ順序で師団長以下の焼香が行われ、終了後一般公衆の参拝を許した。神式・仏式祭の後、榴ヶ岡公園では奉納撃剣野試合、宮城野原の競馬大会、各町内の奉納山車引き回し、手踊り、煙火と余興が続き、市内は終日賑わった。

五月二一日には、招魂祠壇とは別に、仏式法場を設け、霊牌（位牌）を置いた。午前一〇時より、西本願寺法主《ほっす》大谷光尊《おおたにこうそん》が大導師となり純仏式の法要が営まれた。第一次法要終了後、沼澤与三郎と細谷直英千人長の祭文朗読があり、第二次法要は東本願寺大谷光演《おおたにこうえん》新門跡が大導師となった法要であった。参列者の範囲は師団長以下、前日と同じであった。法要後の余興も前日と同様であった（『東北新聞』一八九六年五月二一日および二二日、「臨時大招魂祭」）。

追悼・慰霊――〝選別〟と東北の事情

新聞記事によって招魂祭の細部を紹介したが、問題点を確認しよう。

招魂祭で祀られたのは、「第二師団所属並に第二師団管下出身軍人軍属軍夫の日清事件に関する戦死者及び病死者」、すなわち第二師団関係者および第二師団管下（東北六県と新潟県の一部）出身者で戦死・戦傷病死した人々で、軍人軍属と軍夫を一緒に追弔した。他所からやってきた第二師団の将校も追悼の対象に含まれたが、主体は戦没した東北の人々であり、軍人と軍夫の差はなかった。これは当時の東北、仙台の人々の心情であった。

すでに国に殉じた人々を英霊として靖国神社で顕彰する制度はできていたが、数多くの戦没者が発生すると、地方では仏教の力が強く、靖国＝招魂社の論理は浸透しきれていなかった。また、このときの招魂祭で追悼された戦没者の全員が靖国神社の英霊となったわけではない。陸軍・海軍の方針で、軍人軍属の戦没者は靖国の英霊となったが、軍夫については戦死・戦傷死者のみが対象となり、圧倒的に多かった病死者は除かれた。東北の人々は、軍人軍属と軍夫は立場に差があっても、従軍してともに戦ったものとして意識していたが、軍夫は軍と靖国から無視され、次第に忘れ去られていった。

榴ヶ岡の大招魂祭を含めてさまざまな追悼行事が終わると、開戦と第二軍出征以来、地域で続けられた戦争に関わる諸行事が終了し、人々は日常生活に戻っていった。その一方で、戦争と戦没者を記念し追悼する施設を作ろうとする動きが登場する。仙台市内では、凱旋記念大碑、戦没者弔魂碑、仏式の忠魂祠堂、招魂社などさまざまなプランが登場したが、いずれも実現せず、実現したのは、偕行社《かいこうしゃ》（陸軍将校の親睦・研究団体）のある桜ヶ岡《さくらがおか》公園に建てられた征清記念碑と宮城野《みやぎの》区原町陽雲寺《はらのまちようううんじ》境内の葬戦死者遺骨塔であった。征清記念碑は細谷直英が建立した戦没軍夫の招魂碑であり、陽雲寺の塔は仙台の呉服商で篤志家の大内源太右衛門が引き取り手のない戦没者の遺骨を納めるために建立した供養塔である。

本命の招魂社の創建は遅れた。最大の問題は祭神問題であったと想像される。靖国神社は癸丑《みずのとうし》（一八五三年）以降の国事殉難者・官軍戦死者を祀り、各地の護国神社（旧招魂社）も多くはこれにならっている。ところが、この原則を機械的に東北に適用すると、戊辰戦争で奥羽越列藩同盟に参加し、朝敵とされた藩が多いこの地域では、地域の招魂社には、自分たちの仲間を殺した官軍戦死者を祀り、賊軍として殺された自分たちの縁者が祀られないことになり、問題が多すぎたからだ。

結局、一八九八年に地元有志と第二師団側が協力して、昭忠会を組織して、招魂祭を毎年開催することになり、祭神を「明治七年佐賀及台湾の役」から「明治二十七八年の役」「同戦役後台湾守備中」に、戦死・病没した軍人軍属で、第二師団所属者および第二師団管下出身者とした。問題のある幕末と戊辰戦争の殉難者を祭神から外すことで、旧仙台藩関係者と第二師団側の妥協が成立したように見える。

一八九九年には地域振興策として仙台開府三〇〇年祭が行われたが、この機会に戊辰戦争以来陸軍が占拠してきた旧城跡を一部分ではあるが市民に公開した。これ以後、陸軍省は昭忠会に本丸跡の使用を許し、そこに昭忠標・常設招魂殿・戚揚館が建設され、昭和期には伊達政宗騎馬像が建設されて、仙台のシンボルとなった。このように、日清戦争戦没者の追悼慰霊施設建設は、期せずして、地域と藩閥政府の和解の機会となったのである。

福島県庁文書が残す「地域と戦争」

日清戦争に日本が勝利した理由のひとつは、日本軍が対外戦争のための動員システムを持っていたのに対して、清軍にはそれが欠けていたことである。特に陸軍に関係の深い戦時の動員に関する事務は、陸軍が直接行うのではなく、市町村が実務を担っていたので、日清戦争の戦時動員が成功したのは、日本の市町村が煩雑な兵事事務（徴兵や戦時の人馬の動員に関する事務）を遂行する能力と、通常の社会生活を営んでいる予備役・後備役の住民を兵営まで送り届ける強制力を持つようになったことを意味する。

明治期の地方制度の研究者である松沢裕作は、近代とは別な原理で組織され、地域によって大きな差のあった江戸時代の村が、市制・町村制施行（一八八九年）の直前の町村合併によって再編成された結果、恣意《しい》的に設定された境界線で区切られた均質な存在として創出され、これが国民国家の基底をなしたことを指摘している（『町村合併から生まれた日本近代』）。日本の町村は、日清戦争時には生まれてから五年ほどしか経たない、幼稚園児のような代物であったが、戦時の兵事事務を遂行することができた。具体的にどのような事務を町村が担ったのか、福島県庁文書を例にその一端を見てみよう。

福島県歴史史料センター所蔵の福島県庁文書には、日清戦争前後の兵事資料が豊富に残されているが、『義勇奉公録明治二十七八年役戦時状況』と『二十七八年功労者調書類』という二冊の簿冊に注目したい。

日清戦争が始まったときの福島県知事は日下義雄《くさかよしお》（在任一八九二年八月〜九五年七月）で、日清戦争終了とともに日下が外務省に転じると、元山口県知事の原保太郎《はらやすたろう》（李鴻章狙撃事件の責任を取らされて山口県知事を辞めさせられていた）が後任となった。日下の本名は石田五郎《いしだごろう》、父石田龍玄《りゅうげん》は会津藩主の侍医、弟石田和助《わすけ》は白虎隊士として飯森山で自刃している。日下は幕末は鳥羽伏見の戦いから会津戦争、箱館戦争までを体験したが、縁あって井上馨の世話でアメリカ留学した。以後、井上系官僚として活動し、対外関係事務があって難しい長崎県知事を経験した後、福島県出身者としては初めて故郷の福島県知事となっていた。

『義勇奉公録』には一八九五年一一月の記事があるので、原知事時代に編纂されたものであるが、内容は日下知事時代のものが大部分を占め、開戦から第二師団凱旋・戦没者招魂祭実施までの日清戦争の全過程で、福島県がどのような施策を行ったかをまとめたものである。

その目次は次のようである。「兵員募集／馬匹及蹄鉄工徴発／軍夫募集／義勇従軍の志願／軍資金献納及恤兵品寄贈／軍事公債募集／神社仏寺の祈禱／天機伺《てんきうかがい》／出征軍隊餞送《せんそう》／従軍者家族救護／出征軍隊及傷病者慰問／従軍死没者葬喪及遺族賑卹《しんじゅつ》／戦捷及平和克復の祝頌／有栖川小松両宮殿下の薨去《こうきょ》の哀悼／凱旋軍隊歓迎／野戦師団の復員／従軍者の彰功慰労及陣亡者祭祀／赤十字事業／戦後の兵役志願者」。

このなかでも兵事事務として重要なのは、兵員募集、馬匹徴発、軍夫募集、軍事公債募集、従軍者家族救護などである。しかし、これらは県庁が直接実施するものではなく、郡長を通じて、各町村を督励して実施させるものであったことが、『義勇奉公録』に収録されている資料からわかる。

動員と査定――町村長たちの〝勤務評価〟

これに対して『功労者調書類』は、戦後福島県が戦時の兵事事務がどの程度実行されたかを各町村ごとに調べた、いわば各町村の通信簿のような書類であり、このような書類は日清戦後各府県で作成されたようである。

日下知事の後を継いだ原保太郎福島県知事は、一八九五年一二月四日付の訓令第七〇号で、各郡長に対し、「明治二十七八年戦役の際、兵事主任・郡書記・町村長にして出師《すいし》の事務及軍事公債募集に尽力し、殊に功労ありと認むるものは其尽力の事項幷《ならびに》官職姓名を掲げ、甲乙両級に区別し、本月十五日限り具申せらるべし」と通知した。

功労者の功績内容・官職氏名の調査はともかくとして、「甲乙両級」の採点を行えと命じている発想がユニークである。「出師の事務」の内容は、兵員召集・馬匹徴発・軍夫募集であり、これと軍事公債募集を、各町村長の戦争協力の功績を計るための最も重要な戦時事務として県庁が認識していたことがわかる。各郡長は突然の訓令に戸惑ったのだろうか、さまざまに問い合わせをしてきたが、ともかく期限内に取り調べて具申してきた。

福島県下に三六二の町村があり、郡長の具申を合計すると、町村長の場合、甲級一三八名、乙級二二四名となった。県庁が採点基準を示していなかったので、各郡ごとに評価にばらつきがあり、県が査定し直した結果、甲級一〇〇名（二七・六％）、乙級二六二名（七三・四％）となった。さらに県庁は三六二名の町村長のうち平均以上の功績があった者は一四九名（約四一％）であったと査定した。町村長と郡書記（兵事主任であった）の具体的な功績内容を読むと実に面白いが、紙幅の関係で割愛する。

このように松沢の指摘と合わせて考えると、日清戦争の戦時事務を遂行する過程で町村と郡の吏員が訓練され、福島県の場合、県庁が期待する程度の事務を約四〇％の町村が実行できる水準に達していたことが見て取れる。福島県の事務水準が全国的に見て、どの程度であるのかわからないのが残念であるが、このような事務水準のうえに、陸軍の動員システムが実施されたのである。

日清戦争と沖縄

だが町村制と徴兵令の施行状況については例外があった。一八八九年四月一日より町村制が施行されたとき、北海道・沖縄・島嶼《とうしょ》は対象外とされたからだ。また、徴兵令は一八七三年施行されたが、北海道では八七年、沖縄本島・小笠原諸島では九八年、先島諸島《さきしま》（宮古・八重山）では一九〇二年まで徴兵令は施行されていなかった。

その結果、北海道の場合は、日清戦争中には屯田兵を再編成して臨時に第七師団が編成されたが、沖縄県は徴兵令が施行されない状態で日清戦争を体験したので、状況は本土の府県とかなり異なっていた。ここでは、沖縄の体験した日清戦争とその後について、簡単ではあるが、具体的に見ていこう。

徴兵制施行以前の沖縄県では、一八九〇年に一〇名の青年が下士官を養成する陸軍教導団に志願して入団し、その後も入団者が続き、日清戦争頃には五〇名近くの下士官が存在していたと言われる。彼らは兵役の義務を果たすことで、帝国臣民としての権利を獲得すべきであると考えた人々であった。

しかし他方では、琉球処分に抵抗して琉球の社稷《しゃしょく》（中国の朝貢国としての琉球王国の伝統）を守ろうとするグループ「黒党《こくとう》」が存在し、清に渡って、かつて琉球館が置かれていた福建省福州を中心に琉球藩復活の運動を継続する者もあった。日清戦争が始まると、黒党あるいは頑固党と呼ばれるこうした人々は、毎月一日と一五日に、首里の円覚寺などに参詣して、東京在住の旧国王尚泰《しょうたい》の健康と清の戦勝を祈願した。

また逆に、日本政府に協力する動きもあり、清の南洋艦隊が襲撃するとの噂が高まると、陸軍の沖縄分遣隊に協力すべく、師範学校や中学校に義勇団が組織され、那覇の官吏や寄留商人も同盟義会を組織して敵襲に備えたという。

明治初期以来の沖縄の分裂した意識は、日清戦争に日本が勝利し、講和条約によって台湾が日本領となり、日清間の琉球領有紛争が最終的に決着すると、落ち着いていく。日清戦争勝利（黒党・頑固党に属する琉球人にとっては、清日戦争敗北となるが）の結果、清に頼った琉球藩復活の運動は力を失った。だが、それでも一部の「黒頑派」と呼ばれた人々は、子弟の漢学教育や伝統的な祭祀を通じて結束を図り、時には渡清して福州に滞在する黒党を支えた。

以上のように日清戦争段階では、旧慣温存政策が続いていたことと、琉球藩復活をめざす政治的・文化的勢力が根強く存在していたことから、沖縄の日本への統合は十分進んでいなかった。しかし、日清戦争による清の敗北によって日清戦後は沖縄の日本化が進んでいく。

なお、日本軍が旅順を占領して戦争の大勢が決定した一八九四年一二月、野村靖《のむらやすし》内相は尖閣諸島の魚釣島への標杭建設案を閣議に提出し、これを承けて翌九五年一月の閣議は同島の沖縄県所属と標杭建設を決定している。

その後の沖縄

一八九八年、沖縄本島に徴兵令が施行されると、徴兵忌避者が続出した。日本本土と同じように、徴兵検査前に逃亡する、故意に肉体的欠陥をつくる、聾唖《ろうあ》や盲人を装うなどの方法をとる者もあったが、移民として海外に渡航して合法的に徴兵を逃れたり、渡清する者が多かったのが沖縄の特色である。

このような状況が大きく変化する契機となったのは、日露戦争に二〇〇〇名以上の沖縄出身兵が出征し、約一割に達する二〇五名が戦死して、「忠良な帝国臣民」であることを証明したことであった。

しかし、明治末期の段階でさえ、沖縄県における徴兵忌避の動きは、本土とは質的に違ったレベルにあった。日露戦争後の一九〇九年の「沖縄警備隊区徴兵検査概況」（「弐大日記」明治四三年一一月所収）にはさまざまな徴兵忌避手段と実例があげられている。そのなかにはかつて本土でも行われていた自傷行為、さまざまな詐病などのほかに、徴兵検査官に対する呪詛《じゅそ》や徴兵検査見物人による妨害、さらには「大和の役人は年々琉球の壮丁を兵隊として大和に連れ帰り戦争に於て皆殺して仕舞う故甚だ迷惑」と訴え司令官に面会を求める「婦人の発狂者」の例など、本土では珍しい事例に満ちている。

一九〇九年の沖縄県の徴兵検査を受けるべき壮丁数は四七七八名で、このなかで甲種合格者は一四一一名（二九・五％）であった。報告書は甲種合格率の低さを嘆き、その原因を衛生観念の低さ、風土病蔓延と検査対象壮丁の六分の一に及ぶ七五六名の海外出稼ぎ人が存在することに求めている。そして海外渡航者の「大多数者は徴兵忌避的意味に於て渡航」していることを報告書自身が認めていた。

第6章　下関講和条約と台湾侵攻

I　講和条約調印と三国干渉

直隷決戦準備

話を戦争の経過に戻そう。

旅順につづいて一八九五年二月初めに日本軍が威海衛を占領すると、大本営は直隷決戦をめざす作戦計画の準備に取りかかった。直隷決戦とは開戦時点で決定されていた「作戦大方針」において、首都である北京付近で清軍主力を撃破して城下の盟を迫る決戦と位置づけられていたものである。だが第3章でも触れたように、宣戦布告後の戦況のなかで一八九四年中の作戦実施は不可能だと判断され、八月末に決定された「冬季作戦方針」では翌年春に延期されていた。

第4章で説明したように山東作戦が始まり、二月初めに威海衛を占領して劉公島・北洋艦隊を包囲攻撃して作戦成功の目途が立つと、大本営は直隷決戦準備に取りかかり、寺内正毅陸軍運輸通信長官に命じて直隷決戦の輸送計画を作成させた。

三月上旬、大本営は直隷決戦(「第二期作戦計画」と呼ぶ)の大要を決定した。この段階の日本陸軍の戦闘部隊は、常備軍七個師団、後備部隊(歩兵三九大隊、騎兵六小隊、工兵六中隊)、臨時師団一個師団(屯田兵を主力とする)などであった。

直隷決戦の計画では七個師団(常備軍六個師団と臨時師団一個)と後備部隊の約三分の一を直隷平野に輸送し、約二〇万人の清軍と対峙し雌雄を決する予定であった。残る一個師団は奉天省占領地の警備にあたり、金州半島(金州・大連湾・旅順)と朝鮮半島にも若干の後備隊を守備兵力として配置する必要があるので、その結果、日本国内に残る陸軍の戦力は皆無に近い状況となるはずであった。

征清大総督府の渡清

直隷決戦に参加する大部隊を指揮するために、当初は大本営が広島から前線に移動し、天皇も大本営とともに渡清する構想であった。しかし天皇渡清による親征論は非現実的であり、三月中旬に大本営の作戦担当部門を「征清大総督府」と称して前線に派遣することに変更され、参謀総長小松宮彰仁親王が征清大総督に任命された。

征清大総督府の主要な要員は、小松宮大総督以下、幕僚は参謀次長川上操六中将・軍令部長樺山資紀中将・副官大生定孝《おおみさだたか》大佐、兵站総監部は川上兵站総監以下、運輸通信長官寺内正毅少将・野戦監督長官野田豁通《のだひろみち》・野戦衛生長官石黒忠悳《いしぐろただのり》、管理部は管理部長事務取扱村田《むらた》惇《あつし》中佐であった。

三月一五日、近衛師団と第四師団の戦闘部隊に広島への移動命令が発せられた。両師団は三月下旬から四月一日にかけて広島に到着し、近衛師団は四月一一日までに宇品を出帆、第四師団も一三日までに出帆し、新たに約三万五〇〇〇人の兵員と馬五〇〇〇頭は四月一八日までに大連湾に到着した。屯田兵から編成された臨時第七師団も鉄道輸送で東京に四月中旬までに到着し、渡清命令を待った。

直隷決戦では、その先頭になって山海関付近に上陸する予定の近衛師団と第四師団の最後の部隊が四月一三日に宇品を発ったことを確認したうえで、征清大総督府は同日威海衛丸に乗船して宇品を発ち、一八日朝、旅順に到着した。

この時点で、金州半島と大連湾内の輸送船中に、第二軍所属の近衛・第二・第四・第六と第一軍所属の第一・第三の六個師団が集結しており、第五師団のみが朝鮮国境の鴨緑江から遼河河岸の牛荘・営口までの広大な奉天省占領地の警備にあたっていた。

山海関付近に上陸して直隷決戦の根拠地を作ることを担当していた第二軍の大山巌司令官は、四月一七日午前に所属各部隊に対して、直隷への軍事行動は四月二一日の出航から開始し、五月三日を揚陸完了とすることを訓令していた。直隷決戦はまさに発動直前であった。ところが同日の午後、大山は伊藤首相から電報を受け取り、下関講和条約が調印されたことおよび停戦期間が批准書交換の五月八日まで自動的に延長されたことを知る。大山は大本営からの電報を待たず、すぐに同日午前中の自分の訓令を停止する命令を各師団長に発令した。翌日旅順に到着した征清大総督府は、大山から伊藤首相の電報を示されて講和条約が調印されたことを知り、ここに事実上、直隷決戦は停止される。

直隷決戦は第1章でも述べたように、一八八〇年代以来の日本陸軍の伝統的な対清作戦の骨格であり、対清開戦以来、その時々の戦況に影響されて何度も延期されながらも、大本営が一貫して追求してきた主要作戦であった。李鴻章の講和使節団が早急に来日しなければ、あるいは下関講和交渉が決裂すれば、直隷決戦が実行された可能性は高かった。

もし直隷決戦が行われたらどうなっていただろうか。すでに一八九四年一〇月のイギリスの仲裁提起以来、列強各国の干渉の可能性が高くなっていた。さらに下関講和会議の開始と、後述するが李鴻章が遭難したことにより、列国の干渉を招くことなしに直隷決戦を実施することは事実上不可能になった。

日清開戦とその後の講和問題が論議されるなかで、列強は東アジア地域に艦隊を増強し、干渉を行うための軍事能力を高めていた。特にイギリスはフリーマントル中将の指揮する中国戦隊に、一万トン級の戦艦と七五〇〇トン級の大型巡洋艦を中心とする艦船を増派した。これは列強各国の東アジア艦隊に対抗すると同時に、日本がイギリス権益を侵犯した場合は日本を攻撃することも想定していたもので、イギリス海軍の中国戦隊は日本海軍よりはるかに強力な海軍力であった。

このような干渉が予想される複雑な国際情勢のなかで、檜山幸夫が指摘したように、極端に攻勢に偏した作戦を計画し、日本本国の防衛を顧みない直隷作戦計画は危険きわまりない作戦であった（檜山『日清戦争』）。

李鴻章の講和全権使節就任

日清の講和の模索は、旅順陥落後から始まっていた。中国海関（税関）のナンバー・ツーであった天津税務司グスタフ・デトリングが清政府と李鴻章の命を受け、一八九四年一一月二六日に神戸に到着、周布公平《すふこうへい》兵庫県知事に面会し、伊藤首相に会って李鴻章の書簡を渡したい旨を述べている。このときは、政府はデトリングを正式な講和使とは認めがたいとして対応せず、彼は李の手紙を伊藤宛に郵送して帰国した。

この後、日本と清に駐在する米国公使が仲介して日清間の講和交渉が始まり、一八九五年一月三一日、講和使節として張蔭桓《ちょういんかん》と邵友濂《しょうゆうれん》が広島に来る。このときも全権委任状の効力問題で交渉に入ることができなかった。伊藤と陸奥外相は両使節より有力で権限があると信じていた李鴻章を全権使節とする講和交渉を希望していた。

日本政府が講和条件を検討しはじめたのは、一八九四年一〇月八日のトレンチ駐日英国公使による仲裁提起からである。このとき、陸奥は朝鮮の独立、領土割譲、賠償金獲得、通商条約の改定を骨子とする二案を作成し伊藤の了解を得ている。領土割譲については大連湾・旅順と台湾をあげていたが、いずれもまだ占領もしていない土地であり、在外公館を通じて得た情報では、領土割譲要求に対する欧米列国の反応は厳しかった。

その後、米国の仲裁による広島講和談判を前にして、一八九五年一月上旬、陸奥は閣議に講和条件を示して同意を得、伊藤とともに広島に向かい、一月二七日の大本営御前会議で講和条約案を決定する。陸軍は占領しつつあった遼東半島の広範囲な割譲を要求、海軍はまだ占領していない台湾割譲を主張し、また国内世論でも大陸や台湾についての過大な土地割譲要求が噴出していた。列強の干渉を警戒していた伊藤と陸奥は、陸軍と海軍の要求を入れた条約案を作成して、早期講和をめざした。

旅順陥落以来、李鴻章はすでに軍隊指揮権および北洋大臣と直隷総督の権限を奪われていた。ところが旅順に続き威海衛が陥落して北洋艦隊が壊滅、また広島での講和談判が失敗に終わると、皇帝と主戦派はなす術がなくなり、李鴻章を天津から呼び寄せ二月二二日に御前会議を開き講和問題を議論せざるを得なくなった。

領土割譲に応じて講和を実現するか、領土割譲を拒否して遷都をしてでも対日戦争を継続すべきかで議論は延々続いた。三月二日、李鴻章は日本との交渉方策を上奏して、ここにいたっては領土割譲もやむなしと述べる。これが認められ、李は領土割譲、賠償金支払い、朝鮮独立承認の三条件で講和交渉に臨むことになる。

交渉開始と李鴻章へのテロ

李鴻章は、李経芳《りけいほう》（李鴻章の養子）、伍廷芳《ごていほう》（李鴻章の幕僚）、ジョン・フォスター（前米国国務長官、李鴻章の顧問）などの随員と従者、合計一〇〇名以上を従え、三月一四日天津を発ち、一九日に下関に入港、二一日に日本側が一行の宿舎として用意した引接寺《いんじょうじ》に入った。伊藤首相と陸奥外相の日本側全権と清側全権の李鴻章および李鴻章の負傷ののちに全権に任じられた李経芳との間で、三月二〇日から四月一七日の間に七回の会談が行われた。

三月二〇日の第一回会談で、李鴻章は講和会談に入る前提として休戦条約を結ぶことを提起した。これに対して日本側は休戦条約を結ぶことは交渉を長期化させ、早期講和を妨げると考え、二一日の第二回会談で休戦の担保として天津・大沽・山海関占領などの厳しい条件を要求して事実上休戦を拒否した。過酷な休戦条件を見て、李は二四日の第三回会談で休戦問題を撤回して講和交渉に入ることを宣言し、日本側もこれに同意した。

この三月二四日、第三回会談が終わり轎《きょう》(前後の人が肩にかつぐ輿《こし》)に乗って宿舎に帰る途中、李鴻章は小山豊太郎《こやまとよたろう》に拳銃で狙撃される。至近距離から李の胸を狙った弾丸は李の左眼下の頬に命中した。小山は当時二六歳、群馬県出身で、慶應義塾を中退後、自由党系の壮士として活動した経験のある若者であった。裁判において弁護人は、被告人小山は日清戦争の原因は李鴻章にあり、日本の戦果はまだ不十分で、講和は時期尚早と考え、講和会議を妨害して戦争を継続する目的で李鴻章暗殺を企てたと述べている。

李暗殺未遂はロシア皇太子を傷つけた大津事件(一八九一年)を連想させるもので、列国の対日批判を憂慮した天皇は野戦衛生長官石黒忠悳と外科の専門家佐藤進《さとうすすむ》陸軍軍医総監を派遣して治療にあたらせた結果、李は四月一〇日から交渉に復帰した。また民間でも全国から李に対して慰問の電信・物品が寄せられた。

負傷を理由に李が帰国して交渉が中断することを恐れた政府は、李が主張した休戦条約を認めざるを得なくなり、三月三〇日に休戦条約が調印された。これによって台湾と澎湖諸島を除くすべての地域で戦闘が三週間の期限付きで停止され、事実上日清間の交戦は終了した。

清の苦悩と条約調印

負傷した李鴻章に代わって養子の李経芳が欽差全権大臣に任命され、四月一日に中田《なかた》敬義《たかのり》外相秘書官が李を訪ね、日本側の講和条約案を提示した。

日本側の講和条約案は、李鴻章の予想よりはるかに厳しいものであった。そのため、李はフォスター前米国国務長官を加えて対応を協議し、総理衙門から北京駐在の英露仏三ヵ国の公使に講和条約案の要旨を示し、列国に調停を求め、時間を稼ぐため交渉の延引を図る。これに対して日本側は、講和条約案を提示してから一週間後の八日に早急に回答すべきであると迫った。このとき、伊藤首相は李経芳に対して、講和談判決裂の場合、ただちに征清大総督府の兵員を乗せた輸送船を送ると脅かしてもいた。

李鴻章は清政府と電信で連絡しながら、日本側の提示した講和条件について、土地割譲の縮小と賠償金の削減を軸として日本側の譲歩を求めた。四月一〇日の第五回会談では、清側の提起した修正案について話し合いが行われたが、伊藤は軍事賠償金を三億両から二億両に減額し、土地割譲を縮小するなどの修正に応じたものの基本的な条項の修正にはまったく応じなかった。

四月中旬には、直隷決戦のために近衛師団と第四師団を乗せて大連に向かう輸送船が、陸

下関講和条約交渉　調印日の４月17日を描いた作品．永地秀太『下関講和談判』1895年　明治神宮聖徳記念絵画館所蔵

続として下関海峡を通過し、これを目撃した李たちは北京へ日本の脅威を伝え、清政府も大連湾に日本軍輸送船団が到着するのを知って、日本軍が本気で北京攻撃を計画していることを理解した。ここにいたって清政府は日本側の講和条約案を基本的に受け入れて戦争を終結させることを決める。四月一四日、講和条約調印を指示する電報を日本へ送った。

四月一五日の第六回会談で事実上講和交渉は終了した。一六日に実務者レベルで条約文の起草と日文・中文・英文の照合を行い、一七日の第七回会談で、伊藤・陸奥外相の日本側全権と李鴻章・李経芳の清側全権の間で下関講和条約が調印された。調印されたのは、全一一条からなる講和条約書、講和条約の意義について定めた議定書、講和条約の実施を保障するために山東省の威海衛を保障占領することについて定めた別約と、休戦期間を批准書交換の五月八日まで延長するとした休戦条約追加定約であった。

講和条約の要点は次のようなものである。

①清は朝鮮が独立自主の国であることを承認する。
②日本に対して遼東半島、台湾、澎湖諸島を割譲する。
③軍費賠償金として庫平銀《こへいぎん》二億両（日本円約三億一一〇〇万円）を日本に支払う。
④清と欧州各国間条約を基礎として日清通商航海条約などを締結し、日本に対して欧米列強並みの通商上の特権を与え、新たに沙市《さし》、重慶《じゅうけい》、蘇州《そしゅう》、杭州《こうしゅう》を開市・開港し、さらに開市開港場における日本人の製造業への従事を認める。
⑤批准後三ヵ月以内に日本軍は占領地より撤退し、清が誠実に条約を履行することの担保として日本軍が威海衛を保障占領する。

この他に別約では威海衛保障占領について具体的に諸条件を定め、休戦条約追加定約では批准書交換の五月八日まで休戦を延長することを定めた。

四月二〇日、天皇は講和条約などを批准し、翌日二一日、内閣書記官長の伊東巳代治を全権弁理大臣に任命して批准書交換を委任した。

三国干渉――露独仏の遼東半島還付の要求

日清間で下関講和条約が締結された六日後の四月二三日夕方、ロシア・ドイツ・フランスの三ヵ国の駐日公使が外務省に林董《はやしただす》外務次官を訪ねた。彼らは遼東半島の日本による領有は北京に対する脅威となるのみならず、朝鮮の独立を有名無実にし、極東の平和に障碍《しょうがい》を与えると述べて遼東半島放棄を迫った。これがいわゆる三国干渉である。では、三国干渉がどのように計画されたのか、そして干渉に直面した日本政府はどのように対応したのか。

極東地域に利権を持つイギリス・ロシア両国は日清間の戦争に重大な関心を持ち、開戦回避のための調停を試み、開戦後もイギリスとロシアは協力して早期の講和をめざしていた。ロシアは日本の勝利が確実となった一八九五年二月段階でも、極東の太平洋小艦隊を増強すると同時に、講和交渉で日本が過度の要求をした場合に備えて英仏との協調を決める。

下関講和会議が始まり、清を通じて日本の講和条約案を知ると、ロシアは四月八日、列強に遼東半島放棄を日本に勧告することを提案した。ドイツとフランスはこれに同意したが、イギリスは日本との対立を好まず、また講和条約中の通商関係特権の拡大を知り、干渉への参加を拒否した。

いままで行動をともにしてきたイギリスの干渉離脱はロシアにショックを与える。ロシア政府は、四月一一日に特別会議を開き、イギリス不参加のもとで対日干渉を行うかを議論した。このとき、海軍大将アレクセイ大公（ニコライ二世の叔父）は日本に対する敵対行動が日本という強力な敵を作り出し、日本をイギリス側に追いやるといった意見を述べて干渉に反対した。だが、蔵相セルゲイ・ユリエヴィチ・ウィッテの主張する武力行使も想定した干渉を行い、日本の南満州進出を阻止すべきであるとの意見が多数を得て、干渉を決断する。干渉実施後、それまでイギリスの介入を警戒していた日本は一転してロシアへの不信を強め、アレクセイ大公の懸念は現実のものとなっていく。

遼東半島返還と「臥薪嘗胆」

日本政府は三国干渉があった翌日、つまり四月二四日には、広島で伊藤首相・山県陸相・西郷海相の出席する御前会議を開き、伊藤は翌日神戸に移動して舞子で静養中の陸奥外相を訪ね、ヘンリー・ウィラード・デニソン外務省顧問および松方蔵相・野村靖内相を交えて対応を協議した。その結果、陸奥の意見に従い、清に対しては一歩も譲らず、三国に対して干渉の撤回ないし緩和を求めて交渉することを決める。

日本政府は英米伊への援助要請、ドイツの切り崩し、金州庁（旅順・大連湾を含む）以外の遼東半島返還の提案などを試みた。だが効果はなく、また清が講和条約批准延期を提案したので、五月四日に三国の勧告を全面的に受諾することを決意し、八日に清と批准書交換を行った。日本と清国の再交渉の結果、一一月八日遼東半島還付条約と付属議定書が調印され、遼東半島還付報奨金三〇〇〇万両を得て、一八九五年末までに遼東半島から撤兵した。政府が三国干渉に関して情報統制を行ったので、国民がこの事実を知ったのは、五月一〇日付の天皇による遼東半島還付詔書によってだった。

しかし各新聞紙上には以前から列強の干渉に関する記事が掲載されていた。たとえば伊藤内閣に批判的であった対外硬派の代表的新聞『日本』は、パリ滞在中の池辺三山《いけべさんざん》が「鉄崑崙《てっこんろん》」のペンネームで送ってくる「巴里通信」を連載していたが、すでに二月の通信（「英露仏の密約問題―気を付けざるべからず」二月六日パリ発、三月二三日掲載）では日本の遼東半島領有を英露が認めないとの観測が明記されていた。

このような記事を前提に、同紙は三宅雪嶺《みやけせつれい》「嘗胆臥薪《しょうたんがしん》」（五月一五・二七日）と陸羯南「遼東還地の事局に対する私議」（五月二七日）を掲載し、国際情勢を読み違って遼東半島割譲を求めた伊藤内閣の外交政策の誤りと責任問題を厳しく追及した。伊藤内閣の外交政策、陸奥外相の外交に対する批判は『日本』以外の新聞紙上でも見られた。

「嘗胆臥薪」という言葉を使った三宅にはロシアへの敵愾心を単純に煽る意図はなかったが「嘗胆臥薪」は意味が同じまま、「臥薪嘗胆」として流布し、当初の意味を離れて、対露敵愾心と軍備拡大を煽る流行語に転じていくことになる。

II　台湾の抗日闘争、朝鮮の義兵闘争

台湾総督府と「台湾民主国」

三国干渉の結果遼東半島を清に還付したので、下関講和条約で獲得した領土は台湾と澎湖諸島だけとなった。

日本政府は軍令部長樺山資紀大将を台湾総督に任じ、近衛師団（師団長北白川宮能久親王《きたしらかわのみやよしひさ》中将）とともに台湾に向かい新領土を接収するよう命じた。樺山は薩摩出身で一八七四年の台湾出兵の前に現地を調査した経験があり、台湾と関係が深かった。また近衛師団長の能久親王は幕末期には公現法親王と称し、日光東照宮を管理する輪王寺宮として関東に下向した。幕府崩壊時には江戸を脱出して宮城白石にあって奥羽越列藩同盟の精神的盟主となり、天皇に即位したとも言われている人物である。仙台藩降伏後は謹慎処分となったが、還俗してドイツに留学、北白川宮家を継いで陸軍軍人となり、日清戦争時には近衛師団長に就任していた。

台湾では、日本の領土となるのを拒否する邱逢甲《きゅうほうこう》ら地元有力者が台湾省巡撫（省の長官）唐景崧《とうけいしょう》に独立を迫り、唐もこれを受け入れ五月二五日台湾民主国総統に就任した。ここに

「虎旗」を国旗とするアジア最初の共和国が誕生し、フランスをはじめとする諸外国に援助と承認を求めるとともに、日本への武力抵抗を試みた。

樺山は台湾独立の報に接したが、近衛師団のみで接収する計画を変えなかった。この段階では、近衛師団は歩兵連隊と砲兵連隊がそれぞれ二個大隊で編成されていたので、三個大隊で連隊が編成されている通常師団より兵力が少なく、戦闘能力が低かったにもかかわらず、事態は楽観視されていた。

清側の引き渡し委員李経芳と樺山は、六月二日、基隆《キールン》沖の横浜丸船上で台湾授受手続きを行った。近衛師団は五月二九日、基隆の東方から上陸を開始し、基隆と台北《たいほく》を比較的簡単に占領し、台北城占領以前に唐景崧は大陸に逃亡した。そして六月一七日に台北で台湾総督府の始政式が行われた。

しかし六月一九日から始まった新竹《しんちく》への侵攻作戦は、二二日に近衛歩兵第二連隊が新竹城を占領したものの、直後から抗日義勇軍の逆襲を受け、台北の司令部との連絡が途絶して混乱した。そのため作戦が変更され、台湾南部に上陸して台南《たいなん》を占領する予定であった近衛第二旅団を台北に呼び、近衛師団の全力を集中して台北周辺の治安を確立した後、南進を図ることになった。

黄昭堂『台湾民主国の研究』（一九七〇年）は台湾攻防戦を三期に分け、各段階の抵抗主体

台湾侵攻図（1895年5月～10月）

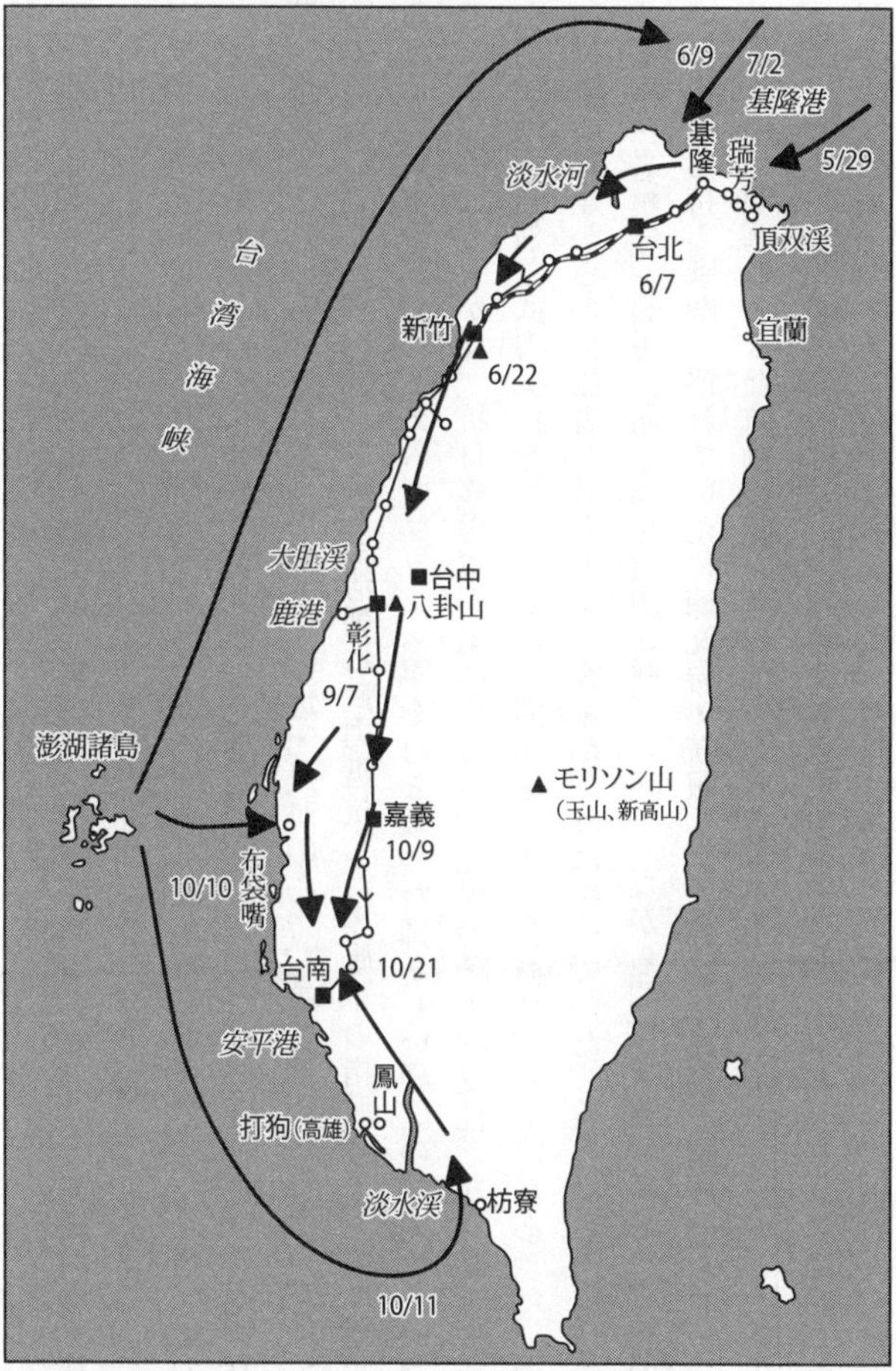

出典：小田部雄次『皇族』（中公新書，2009年）を基に著者作成

と抵抗運動の原因について次のように説明する。

第一期は日本軍上陸から台北占領まで、第二期は南進を開始した六月一九日から九月七日の台湾中部彰化《しょうか》占領まで、第三期は一〇月初めから二一日の台南占領までである。

日本軍への抵抗主体は、第一期は台湾民主国の統制下にあった軍隊で、多くは大陸で召募した兵士で戦意は低く、日本軍が攻撃すると大陸に逃れた。第二期と第三期の抗日勢力は、村落・街鎮の士紳（有力者）を指導者とする地元民が中心で、第三期には台南を守備していた劉永福《りゅうえいふく》が加わった。劉はもともと清朝に武力抵抗した黒旗軍の指導者で、清に帰順してからは清仏戦争の際にベトナムでフランス軍を打ち破った輝かしい経歴の軍人であった。実際の交戦意欲はともかく、抗日義勇軍を組織する台湾住民の精神的支柱となった。

台湾住民が強烈な武力抵抗を行ったのは、開拓地である台湾特有の事情があった。台湾住民は対岸の福建からの移住者が最も多く、客家《ハッカ》がこれに次いでいた。彼らは台湾原住民や隣接する移住者集団と対立抗争（分類械闘《ぶんるいかいとう》と呼ばれた）しながら開拓を進めてきた。そのため強い郷土愛を持ち戦闘に慣れていた。煉瓦塀・銃眼・櫓《やぐら》を備えた民家や密生した竹藪で囲まれた集落は、要塞のような防御機能を有していた。日本軍が台湾に上陸すると、台湾民主国を支持する人々の抵抗のみならず、さまざまな流言蜚語や誤解に基づく住民の抵抗が起こる。近衛師団は想定外のゲリラ闘争に直面して、抵抗する者とそうでない者の区別ができず、予防的な殺戮や村落の焼夷を行い、それが住民の恐怖と報復のための抵抗を引き起こすという悪循環に陥っていった。

日本軍の増派

台北・新竹間で住民の抵抗が増大したため、樺山総督は大本営に兵力増強を要請し、大本営は第二師団から混成第四旅団を編成して派遣する準備を進めた。第四旅団長伏見宮貞愛《ふしみのみやさだなる》親王は、近衛師団長北白川宮能久親王の実弟である。

混成第四旅団の先遣隊である歩兵第一七連隊は七月中旬台北に到着し、残りの部隊も八月中旬までに台湾に到着した。混成第四旅団に台北・基隆地区の警備を任せ、近衛師団は南下して抗日義勇軍に対する攻撃に専念できるようになり、その後台湾中部の都市彰化と古くからの港町鹿港《ルーガン》を占領した。

歩兵第一七連隊は約六〇〇名の軍夫をともなっていたが、その総取締は第5章で取り上げた仙台出身の細谷直英千人長であった。同連隊第二大隊小行李《しょうこうり》所属の軍夫笹原嗣一郎は父親に手紙を書き、それが地元紙の『奥羽日日新聞』に掲載されている。

台北に到着した笹原は、台北城外の山に強力な敵兵が潜み、近衛兵と毎夜戦闘していることや、竹木が繁茂し二毛作が行われている豊かな農村の様子を手紙に記し、「八百屋物も沢山是れあり、其内南瓜茄子サ丶ヶ西瓜の大なるには驚き申候」などと書いてきた（『奥羽日日新聞』一八九五年八月二〇日、「笹原嗣一郎氏の書簡」）。

この後、笹原の所属部隊は七月二二日、台北付近の村に潜む抗日軍を二個中隊で攻撃したが、その際に小行李付軍夫の笹原は小銃弾入りの弾薬箱を背負って歩兵とともに戦闘を体験した。台湾では軍夫の役割は輜重輸卒と同じになりつつあった。

このときの抗日軍の戦闘の様子について、彼は、「彼等蛮賊は農民又は車夫体に身を変じて所々に紛れ込み守備を窺《うかが》い、又女は斥候を為して夫々《それぞれ》通知〔中略〕、敵兵は何時《いつ》も田畑に稼ぎ居り、合図を待て一同農具を捨て代うるに戎器《じゅうき》を取て敵兵となり妨害を為す」（『奥羽日日新聞』一八九五年八月一七日、「第十七連隊の戦況」）と記している。抗日軍は村ぐるみで、男女の別なく戦闘に参加し、ゲリラ戦を挑んでいた様子がわかる。第二師団に属して山東半島作戦に従事した経験のある笹原にとっても、豊かな農村の広がる南国の竹林での戦闘は予想外に過酷な体験であった。

こうした激しい戦闘に直面し、所属の兵力も増えたため、当初民政組織として構想された台湾総督府は、植民地戦争に対応する軍政組織となった。近衛師団に加えて、第二師団と後備部隊が加わった段階では、台湾総督府麾下《きか》の兵力は、将兵約五万名、軍夫二万六〇〇〇名、合計七万六〇〇〇名という巨大なものとなった。このほかに、馬が九四〇〇頭、徒歩車両三五〇〇輛をともなった。そして住民の激しい抵抗と台湾の風土病のマラリアや、不衛生な水と食品が原因の赤痢、栄養不足から来る脚気《かっけ》が蔓延したために、日清戦争の死者の過半は台湾でのものとなった。

南進作戦の遂行への激しい抵抗

彰化占領後、残された台南の占領を目的とする南進軍が編成された。台湾総督で軍事指揮権を持つ樺山は海軍大将であり、陸軍の大規模な作戦を指揮するのが困難であったので、南進軍を指揮するため、陸軍大臣経験のある大物の高島鞆之助陸軍中将が副総督として赴任し、九月一七日に次のような台南攻撃計画が決定された。

まず近衛師団を嘉義《かぎ》に侵攻させ、次に南進軍司令部が基隆で乗船して混成第四旅団とともに布袋嘴《ふたいし》付近に上陸する、そして遼東半島の金州から輸送してきた第二師団主力を南部の枋《ぼう》寮《りょう》付近に上陸させて鳳山《ほうざん》・打狗《たかお》（現・高雄《たかお》）を攻略し、三方から台南を包囲攻撃する計画である。

近衛師団は九月二七日から南進を始め、一〇月九日嘉義を占領した。混成第四旅団は一〇月一〇日から布袋嘴に、第二師団主力は一一日に台湾最南部の枋寮に海軍の援助を受けながら上陸を開始した。第二師団主力は一六日までに鳳山と打狗を占領。混成第四旅団も全軍を

台湾での戦闘　山本松谷「山根支隊の前衛竹林を突貫する図」『臨時増刊 台湾征討図絵 第２編』(『風俗画報』101号，1895年10月)

上陸させて周辺を掃討し、また台湾兵站監部は布袋嘴付近に兵站大倉庫を設置して糧秣を輸送する。嘉義を占領した近衛師団はさらに急水《きゅうすい》渓《けい》まで進み、混成第四旅団と連絡を取ることができた。こうして三方から台南包囲網が作られた。

日本軍の侵攻に対して台湾側は激しく抵抗した。たとえば、混成第四旅団の占領地域は南進軍の補給の拠点であり、台湾兵站監部所属の軍夫が集中し、徒歩車両や背負子を使い兵站輸送にあたっていたが、抗日軍は少人数の部隊や軍夫縦列を狙って攻撃を仕掛けてきた。これに対抗するため、高島司令官は一〇月一四日、混成旅団長に「懲戒の目的を以て朴子脚街以南急水渓以北に於ける地方の匪賊を剿討《そうとう》」することを命じる。「朴子脚街以南急水渓以北」とは混成旅団の占領地区すべてであり、『日清戦史』第七巻の該当部分の戦史を読むと、ここでは無差別の殺人と村落焼夷作戦が行われたことがわかる。

一〇月一九日、全軍が台南攻撃に移り、台南を守備していた劉永福は同日イギリス船で大陸に逃亡し、台湾民主国は滅亡した。劉の逃亡を知らない抗日軍は抵抗を続けたが、二一日朝、第三旅団長山口素臣《やまぐちもとおみ》少将の支隊が台南に入城し、翌日には高島司令官も入城して、南進作戦は終了した。

「台湾平定宣言」後も終わらない戦闘

台湾占領後、時を移さず近衛師団は凱旋準備に移り、全軍が台南に移動して一一月末までに安平《あんぺい》港から台湾を離れた。近衛師団は、このときまでに師団長北白川宮能久親王と第二旅団長山根信成《やまねのぶなり》少将が病没したので、生き残った第一旅団長川村景明《かわむらかげあき》少将が師団長事務取扱となっていた。抗日軍との戦闘と伝染病蔓延で大打撃を受けた近衛師団は一刻も早い帰還が必要であった。

近衛師団の離台により、第二師団は彰化と台中《たいちゅう》の間を流れる大肚渓《だいとけい》以南の警備を担当し、大肚渓以北を後備部隊が警備する態勢が成立した。これを受けて、樺山総督は一一月一八日、大本営に対して「今や全島全く平定に帰す」と報告した。いわゆる台湾平定宣言である。だが、この後も各地に残存した抗日軍の抵抗が続いた。

平定宣言直後の一一月と一二月に限っても、蕉坑庄《しょうこうしょう》、火焼庄《かしょうしょう》の抗日軍が日本守備隊を襲い、砂金業者林李成《りんりせい》、陳秋菊《ちんしゅうきく》、胡嘉猷《こかゆう》などが、元兵士や住民を組織して台北城奪還計画を立てた。一二月三一日には、台北城が攻撃され包囲されている。翌日新竹から援軍が到着したので、抗日軍の台北包囲は一日で終わった。しかし、抗日軍による東海岸の宜蘭《ぎらん》、頂双渓《ちょうそうけい》、瑞芳《ずいほう》の攻撃では、孤立した少人数の日本軍守備隊は苦戦を強いられ、たまたま基隆に到着した第二師団補充隊の援護で危機を脱することができた。

兵力不足を痛感した樺山総督は、一八九六年一月二日、大本営に増援を要求し、第四師団から混成第七旅団が編成されて一一日基隆に到着し、宜蘭地域の抗日軍を鎮圧した。この後、三月に大本営は台湾守備にあたる混成旅団三個を編成したので、三月以降、それまで戦闘と警備にあたっていた第二師団、第二師団管下から編成された後備部隊、そして混成第七旅団は帰国の途に就いた。

しかし、一八九六年春の段階では日本軍が占領していたのは台湾の西部に過ぎず、台湾南端の恒春《こうしゅん》以南と、台湾東部、そして台湾原住民が暮らす山岳地帯は未占領であった。日本軍の占領地区に暮らす漢族系台湾人の抵抗を押さえ込むためにも、そして未占領地を支配するためにも、これ以後も台湾の戦闘は長く続くことになる。

結局、第四代台湾総督児玉源太郎と民政長官後藤新平が、警察力と保甲《ほこう》制度という伝統的連帯責任制度を用いて、日本に抵抗するものを孤立させるに及んで、一九〇二年に漢族系住民の抵抗をほぼ平定した。山地住民の制圧は一九〇五年頃までかかった。

閔妃殺害事件

三国干渉後、朝鮮では日本の内政干渉や日本に協力して開化政策を進める金弘集内閣に反対する勢力はロシアへの接近を図り、国王の高宗や閔妃もこれに同調した。

この間、五月二一日に第二次金弘集内閣が金弘集と朴泳孝の対立で崩壊、三一日に朴定《パクチョン》陽《ヤン》内閣が成立し、朴泳孝が実権を握って改革を進めた。しかし、朴泳孝は閔妃暗殺計画を疑われて、七月六日、日本へ再度亡命した。この結果、金弘集内閣が復活し、八月二四日、第三次金弘集内閣が成立、この内閣では貞洞《チョンドン》派が進出した。貞洞派とは、漢城市内の貞洞にあったロシア公使館やアメリカ公使館に出入りしていた官僚を指し、彼らは欧米外交官との社交団体、貞洞クラブを結成しており、このクラブには国王・閔妃も関与していた。第三次金弘集内閣では、アメリカ人のジェネラル・ダイ（ウィリアム・ダイ）を教官とする侍衛《じえい》隊が新設された。

一方の日本政府では講和条約の発効後、一八九五年六月四日に閣議で「新対韓方針」を決定し、三国干渉後の情勢を反映して、「将来の対韓方針は成るべく干渉を息《や》め朝鮮をして自立せしむる方針を執る」こと、すなわち日清戦争中のような露骨な内政干渉が不可能となったことを確認し、性急な朝鮮の鉄道・電信の利権独占をあきらめた。この翌五日、陸奥外相は病気を理由に大磯で療養に入り、西園寺公望《さいおんじきんもち》が外相臨時代理を務めることになる(一八九六年四月まで)。

以上のような情勢の変化のなかで、井上馨公使は六月に一時帰国して、帰国中に外相(西園寺)宛に提出した意見書で、朝鮮政府に対して清国賠償金から若干を供与することと電信線を返還することなどを提案している。これは国王・閔妃のロシアへの接近を阻もうとするためのものだった。井上公使は妻の武子をともない、七月二〇日に漢城へ帰任し、たびたび国王・閔妃に面談し三〇〇万円の寄付金と電信線返還を提案する。だが失敗に終わる。この後、井上は朝鮮駐在公使を辞し、八月一七日、三浦梧楼《みうらごろう》(宮中顧問官陸軍中将)が新たに朝鮮駐在公使に任じられ、九月一日、漢城に着任。新公使との引き継ぎを終えて井上は九月二一日に朝鮮を離れた。

井上が朝鮮を離れた二週間後の一〇月八日未明、閔妃の殺害事件が発生する。三浦公使と杉村濬一等書記官が中心となって、ロシアと結んだ閔妃排除を計画し、朝鮮政府顧問の岡本《おかもと》柳之助《りゅうのすけ》を中心に、領事館員と領事警察官、熊本国権党員で漢城日報社長の安達謙蔵《あだちけんぞう》などの日本人浪人、漢城駐留の後備歩兵第一八大隊（三個中隊）が実行にあたった。

後備歩兵第一八大隊は、禹範善《ウボムソン》の率いる第二訓練隊と合流し、光化門《クァンファムン》付近で訓練隊と戦闘、連隊長の洪啓薫《ホンケフン》を戦死させて撃破、次いで侍衛隊を打ち破って王宮に侵入した。王宮を警護する訓練隊と侍衛隊を無力化した後、浪人と警察官の一団はさらに王宮内を進んで、閔妃を殺害し、死体に石油をかけて焼き払った。

三浦公使は閔妃殺害を、大院君の指示の下に起こされた朝鮮政府内の権力闘争にともなうクーデタのように見せかけようとしたが、王宮内では侍衛隊教官のダイやロシア人建築家サバティンに目撃されて、そのような企みは失敗した。また、閔妃事件の詳細と日本政府の真実を隠そうとする不誠実な対応は、当時朝鮮を訪問していた『ニューヨーク・ヘラルド』紙の大物記者ジョン・アルバート・コッカリル（かつて『ニューヨーク・ワールド』紙の著名編集者。日清戦争期の『ヘラルド』紙は日本政府と関連を持って、旅順虐殺事件の弁護を行った親日新聞）の記事によって世界に伝えられ、厳しく批判される。

日本政府は関係者を召還し、三浦公使以下四九名の民間人は広島地方裁判所の予審に、軍人八名は第五師団軍法会議に付された。しかし、一八九六年一月、軍法会議は八人全員を無罪とし、地裁の予審は三浦らの事件関与を認めたものの、殺害時の状況が不明のため証拠不十分として全員を免訴した。また、朝鮮では閔妃殺害事件の後で成立した第四次金弘集内閣の下で裁判が行われ、李周会《イチュフェ》ら三名が処刑されて幕引きが図られた。

これまでの研究では、三浦と杉村が常軌を逸した事件を起こした理由について未解明の部分があったが、近年公刊された研究で金文子は、事件の背後には朝鮮の電信線を日本側で確保し続けたいと考えた大本営、とりわけその意思決定の中心にあった川上操六（参謀次長兼大本営兵站総監）の意思が働いており、三浦公使は川上と連絡を取り、その使命を実行する過程で王妃殺害事件を起こしたと主張している（『朝鮮王妃殺害と日本人』）。

抗日義兵闘争と露館播遷

日本から派遣された駐在公使が、赴任国の首都で王妃を公然と殺害するという驚くべき行為について、日本政府は列国から強く非難された。もちろん朝鮮では、国母が殺害されたことについて広い範囲で怒りが高まり、事件をもみ消そうとした金弘集内閣への不信がいよいよ強まった。

しかし金弘集内閣はさらに改革を進め、一八九五年一二月三〇日、断髪令を公布する。伝統的儒学者たちは、断髪令は父母から受けた身体髪膚《しんたいはっぷ》を傷つけ、朝鮮伝統の礼を毀損《きそん》して西欧を模倣する倭（日本）にならうものだと非難した。彼らは王妃殺害と断髪令発布に憤り、反日と反開化派をスローガンとして、各地で抗日義兵闘争に立ち上がる。

一八九六年二月、儒林界の重鎮で有名な衛正斥邪《えいせいせきじゃ》論者の柳麟錫《ユインソク》が義兵闘争に立ち上がり、内外百官と全国に檄《げき》を飛ばすと、義兵闘争は全国化した。義兵は儒学者でもある官僚に義兵闘争に参加するよう呼びかけるとともに、各地で親日的な地方官吏を処断し、日本人官吏や商人を襲い、電信線や電柱を破壊した。義兵闘争には儒学者の呼びかけに応じた民衆とかつての東学農民軍の残党も参加した。

朝鮮政府が義兵闘争への対応に忙殺されている間に、第四次金弘集内閣で排除されていた貞洞派の李範晋《イボムチン》・李完用《イワニョン》らがクーデタを起こした。一八九六年二月一一日、彼らはロシア公使ウェーベルと提携し、ロシア水兵に護送された国王をロシア公使館に移し、朴定陽を首班とする新内閣を樹立したのだ。この事件は「露館播遷」と呼ばれる。それとともに第四次金弘集内閣の閣僚には逮捕状が出され、金弘集・鄭秉夏《チョンビョンハ》・魚允中は捕らえられ、群衆に殴り殺された。兪吉濬・張博《チャンバク》・趙羲淵《チョヒヨン》らは日本に亡命し、金允植は済州島に配流された。

親日的な開化派は一掃され、一年半にわたって続けられてきた甲午改革は終わった。それとともに日本の影響力は一気に低下し、ロシアの直接の介入を招いた。日清戦争の戦争目的であった内政改革とその背後で日本が進めていた事実上の保護国化は、三国干渉と露館播遷によって最終的に挫折する。日清戦争によって日本は朝鮮から清勢力を追い出すことに成功したものの、結局は朝鮮に対する支配権を強めることに失敗し、ロシアの影響力が強まるという最悪の結果となったのだ。

露館播遷の後、国王は説得して義兵闘争をやめさせる目的で宣諭使を派遣したが、義兵闘争は収束しなかった。義兵は親露派政権も開化派政権であると考えていた。義兵鎮圧には日本守備隊も参加し、一八九六年五月に柳麟錫の部隊が忠清道で敗れて以降下火になったが、一〇月頃まで続いた。そして義兵蜂起の原因となった断髪令は一八九七年に取り消されることになる。

終章

日清戦争とは何だったのか

戦争の規模

最後に、日清戦争とは何だったのか、すなわち日清戦争の特徴と日清戦後への影響について考えてみるが、その前提として、戦争の規模について確認しておきたい。

まず日本の陸軍は、七個師団、平時兵力六万余であったものが、戦争開始による動員の結果、日清戦争に参加した兵力は二四万六一六名に達し、そのうち海外勤務者は一七万四〇一七名、内地勤務者は六万六五九九名であった。このほか、文官・雇員が六四九五名（海外勤務者四二七五名、内地勤務者二二二〇名）と日本人軍夫（臨時雇用の軍属）一五万三九七四名を雇用した。軍夫は輜重輸卒の代わりにほとんどすべてが海外で使用されたので、日清戦争に動員された軍人軍属の合計は約四〇万、そのうち三〇万以上が海外で勤務した。

日露戦争の場合、陸軍軍人の戦地勤務者が九四万五三九四名、内地勤務者が一四万三六〇二名、合計一〇八万八九九六名であり、このほかに、軍属の戦地勤務者が五万四二九五名、内地勤務者が九万九八八一名、合計一五万四一七六名であった。つまり、日露戦争に参与した陸軍の軍人軍属の総計は一二四万三一七二名、戦地勤務者が九九万九六八九名である(「日露戦争参与陸軍軍人軍属」『日露戦争の軍事史的研究』)。

戦争参与人数と海外勤務者数で日清戦争と日露戦争を比較すると、日清戦争は日露戦争の三割強となり、日清戦争は意外に大きな戦争であった。

陸軍の戦争被害者は、一八九四年七月二五日から九五年一一月一八日までの間に、死亡した者が一万三四八八名、服役免除者(負傷・疾病による障害などによって退役または兵役を免除された者)が三七九四名である。その死亡原因は、戦死・戦傷死が約一〇%、病死が八八%で、日清戦争が病気との闘いであったことが明らかである。

病名は、脚気・赤痢・マラリア・コレラの順に多く、このほかに凍傷の患者も多かった。ただし、この数字には軍夫の死亡者が含まれていないので、七〇〇〇名に達すると推定される軍夫の死亡者を加えると、死亡者は二万名を超える(『明治二十七八年日清戦史』、桑田悦他編『日本の戦争』)。

清の陸軍は、正規軍の八旗(二〇万)と緑営(五〇万)があったが、軍規が乱れて実力に乏しかった。これに代わって清陸軍の実戦力となったのは勇軍(「郷勇」とも言う)と練軍(八旗・緑営から選抜して訓練した部隊)で、総員は約三五万であった。開戦後、新規に募兵した兵員数が約六三万名に及び、勇軍・練軍の合計は九八万名に達した。

北洋大臣李鴻章が直接率いた北洋陸軍三万と東北三省の練軍五〇〇〇名は装備が新式で最も精鋭であり、これらを中心とした清軍が、朝鮮・九連城・旅順で日本軍と対峙した。旅順陥落後、李鴻章は北洋陸軍の統率権を奪われ、劉坤一が山海関以東の諸軍の指揮権を与えられた。一八九五年二月頃、遼河下流で劉坤一と宋慶が統率した清軍は約八万五〇〇〇、同時期の直隷方面の清軍は約二〇〇万であった。

清軍の被害者数は信頼できる統計がない。原田敬一が朝鮮・中国での正規軍の戦闘と台湾での抗日義勇軍の戦闘を合計すると戦死者が約三万と推計しているが（原田『日清戦争』）、病死者を加えるとさらに多いように思われる。

海軍は、日本海軍の軍艦二八隻、水雷艇二四隻、計五万九〇〇〇トンに対して、清海軍は軍艦八二隻、水雷艇二五隻、計八万五〇〇〇トンで、清海軍が優勢であった。

しかし、日本側に新鋭艦が多いのに対して、清海軍には定遠・鎮遠の大型艦はあるものの、旧式艦が多く、また北洋水師・南洋水師・福建水師・広東水師に分かれ、それぞれを北洋大臣・南洋大臣・閩浙《びんせつ》総督・両広総督が指揮しており、統一して作戦する仕組みではなかった。

このため、日清戦争に参加したのは、李鴻章指揮下の北洋水師全部と広東水師の三隻（広甲《こう》・広乙・広丙《こうへい》）に限られ、軍艦二五隻、水雷艇一二隻、計四万四〇〇〇トンで、日本海軍に対して劣勢であったことが、清海軍の敗因であった。

戦争相手国と戦争の継続期間

「日清戦争」は、これまで、戦争相手国は清で、一八九四年八月一日の宣戦詔書公布で戦争が始まり、九五年四月一七日の講和条約締結で戦争終了と捉えられてきた。だがこのような、昔の教科書のような認識はいまでは誤りと言える。

すでに述べてきたように、宣戦詔書起草過程で戦争相手国は「清国」あるいは「清国及朝鮮国」のどちらにするのか意見が対立していた。戦争相手国が混乱した原因は、七月二三日に日本軍が朝鮮軍と交戦して、王宮を占領したことにある。このとき、日本軍兵士一名が戦死している。

さらに、同日、連合艦隊は佐世保を出航し、豊島沖海戦は七月二五日、列国を局外中立とさせるための交戦通知書は七月三一日に送られた。宣戦詔書の日付は八月一日だが、起草過程で混乱が生じ、遅れたため、実際の公布日は八月二日である。政府は九月一〇日閣議で、開戦日を七月二五日と決定し、これ以後、「日清戦争」の枠から外れる七月二三日の朝鮮との戦闘が無視されることになった。

戦争の終結についても同様の問題がある。一八九五年四月一七日の講和条約締結、つづいて三国干渉・遼東半島還付決定を挟んで、五月八日講和条約批准書の交換が行われた。普通ならこれで戦争終了となるが、台湾民主国が誕生して、台湾接収に向かった樺山資紀総督率いる近衛師団と台湾民主国軍および漢族系台湾住民の組織した抗日義勇軍との間で五月末から戦闘が始まった。

台湾民主国は短期間で崩壊したが、抗日義勇軍の鎮圧のために第二師団全部が増強された。樺山総督は台南占領をもって一応の討伐戦争が終了したと判断して、一一月一八日に台湾平定を宣言した。この後も激戦が続いたが、一二月に近衛師団が帰国し、翌九六年三月台湾守備混成旅団（三個旅団）が編成されると、第二師団も帰国を始め、四月末から五月初めには編成地の仙台・新発田《しばた》・青森に凱旋した。これに対応して、一八九四年六月五日に設置された大本営は、九六年四月一日に解散し、法的には戦時から平時へ移行したことになる。

以上のような、戦争の開始・経過・終結から、「日清戦争」の戦争相手国と戦争期間をどのように理解すべきであろうか。ここでは、檜山幸夫と原田敬一という二人の日清戦争を研究した歴史家の意見を参考に検討を進めたい。

檜山は、七月二三日の戦闘は「日朝戦争」、七月二五日に「日清戦争」が始まり、講和条約批准で終了、九五年五月末から始まる台湾の漢族系住民との戦争は「日台戦争」であり、それは九六年四月一日の大本営解散の前日まで続くと理解すべきだと主張した（檜山『日清戦争』および同「日台戦争論」)。

原田は、檜山と斎藤聖二の研究を参考にしながら、広義の「日清戦争」は、「七月二十三日戦争」(檜山の提起した日朝戦争の名称を修正)と「台湾征服戦争」を含むもので、一八九四年七月二三日に始まり、台湾征服戦争が一段落して、大本営が解散した九六年四月一日に終わると述べた(原田『日清戦争』)。

両氏の見解を整理すると、①日清戦争が、朝鮮との戦争(日朝戦争あるいは七月二十三日戦争)、清との戦争(日清戦争)、そして台湾の漢族系住民との戦争(日台戦争あるいは台湾征服戦争)という、三つの戦争相手国・戦争相手地域の異なった戦争の複合戦争であったこと、②戦争期間は、一八九四年七月二三日から九六年三月末(または四月一日)に及ぶということになる。

次に、さらに検討すべき点について指摘したい。檜山・原田は日本の軍事法制を検討して、戦時と平時を区分して考える。これは日本にとっての日清戦争を検討する際には不可欠な視点だが、一方の抵抗する側(朝鮮と台湾)はそのようには考えなかったはずである。

たとえば、一八九六年四月以降の日本軍と台湾住民の戦闘は、日本側にとっては平時の治安政策であるが、抵抗を続ける台湾住民にはそれ以前と同じように侵入者に対する武力抵抗運動であった。

また、朝鮮では全州和約でいったん朝鮮政府との戦闘を東学農民軍は停止したが、同年秋の収穫後に大院君と連絡を取って再蜂起し（第二次農民戦争）、今度は戦争目的が反閔氏政権から反日と反開化派政権（反親日傀儡政権）に変化した。これを日本軍守備隊と朝鮮政府系軍隊が徹底的に攻撃し、三万とも五万とも言われる朝鮮農民が殺害される。韓国や在日の歴史学者は、七月二三日の日朝戦争と第二次農民戦争、さらにその後の義兵闘争を、一連の日本との戦争と考えているようである。そのような立場に立つと、日本と朝鮮の戦争は、七月二三日の戦闘だけではなく、日清戦争の全期間（檜山・原田説の）にまたがり、さらに日清戦争終了後も継続する長い戦争になる。

こうした研究状況の検討を行った結果、現時点の私の見解は次のようになる。

広義の日清戦争は、三つの戦闘の対象と地域が異なる戦争の複合戦争であり、一八九四年七月二三日の日本軍による朝鮮王宮攻撃をもって始まった。

戦争の終期は、清との戦争は一八九五年三月三〇日の休戦条約調印で戦闘が停止し、講和条約調印と批准書交換によって五月に法的に終了した。しかし、朝鮮との戦争および台湾住民との戦争は、下関講和条約で終了しなかっただけでなく、一一月一八日の台湾平定宣言でも、一八九六年四月一日の大本営解散でも終結せず、戦闘の様相を変えながら実質的には継続した。

あるイギリスの軍事史家は、ヴィクトリア女王の長い治世（一八三七〜一九〇一年）は一年たりとも地域紛争・植民地戦争が途切れることがなく、これらの「little wars」を積み重ねることで植民地帝国としての大英帝国が形成された、と指摘している。

日清戦争の過程で、日本は正規戦のみならず、制圧した地域（朝鮮と台湾）で、侵入者である日本軍に抵抗する地域住民の武力闘争に直面した。この抵抗はその後も継続したため、広義の日清戦争は終期の曖昧な戦争となったのである。

だれが、なぜ、開戦を決断したのか

日清戦争の開戦の過程と原因については第2章で詳しく紹介したが、重複を厭《いと》わず要約すると次のようになる。

日清戦争直前には、日清の軍事バランスの変化を背景に、日本国内では朝鮮における清の優位を前提とした天津条約体制の変更を求める意見が広がり、伊藤博文首相もこのような認識を背景に日清共同による朝鮮内政改革構想を持つようになった。これが、一八九四年六月二日の閣議における朝鮮への混成第九旅団派兵決定につながった。

一方で、第二次伊藤内閣は条約改正問題をめぐって対外硬派の攻撃を受け、連続して二度も衆議院を解散する内政的危機に直面していた。伊藤首相にとって、六月二日段階では、派

兵は日清開戦を想定したものではなく、また総選挙対策のために対外的危機を演出するという内政的理由に基づくものでもなかった。しかし、いったん清を圧倒するために強力な軍事力（戦時定員で八〇〇〇名を超える混成旅団）を朝鮮に派兵してしまうと、派兵を契機に沸騰した対清・対朝鮮強硬論に直面し、伊藤内閣は撤兵できなくなり、開戦への道を選択せざるを得なくなった。

政権の内部でも、川上操六参謀次長を中心とする陸軍勢力や閣内の陸奥宗光外相は対清開戦を求めた。対清戦争を準備してきた陸軍が開戦を主張するのは当然であるが、陸奥が開戦を求めた理由は、外相として担当した条約改正問題で判断ミスを重ね、対外的にも、国内の対外硬派に対しても、対応に失敗し、この苦境を打開して政治生命を維持するために、日清開戦を求めざるを得なかったからであった。

だが、川上や陸奥が開戦を決定することはできず、首相であるとともに、この段階では藩閥勢力の最有力者である伊藤が決断しなければ開戦にはいたらなかった。その意味で、日清戦争開戦については伊藤首相の責任が最も重い。

しかし、当初は対清協調を考えていた伊藤に開戦を決断させるにあたっては、政権内部の開戦論者である川上や陸奥だけでなく、衆議院の多数を占める対外硬諸派と彼らを選んだ国民、そして強硬論を鼓吹したジャーナリズムの開戦への責任も軽くない。伊藤内閣は秘密外交と藩閥による戦争をめざしたのに対して、対外硬派とジャーナリズムはこれを批判し、国民的基盤に立った日清戦争遂行を求め、その後の選挙戦のなかで、自由党もこのような主張に合流した。しかも、政治的な民主化を求めた在野勢力の主張は、例外はあるものの、藩閥政府以上に侵略的であった。

未熟な戦時外交

日清戦争の外交問題に関する最も重要な資料として陸奥宗光の著した『蹇蹇録』がある。これをもとにして、のちに日英通商航海条約締結・日清開戦・下関講和条約締結を推進し、困難な三国干渉に対応した陸奥外相の偉大な功績と卓越した能力を顕彰する「陸奥神話」が形成された。

しかし、自伝やメモワールはしばしば自己弁護や自己顕示を含むもので、『蹇蹇録』は特にその傾向が強いことが指摘されている。すでに紹介したように、同時代の人々は伊藤内閣の条約改正交渉に批判的で、日清戦争が始まっていなければ、一八九四年七月に調印された日英通商航海条約もイギリスに譲歩しすぎていると厳しく批判された可能性が強い。

条約改正交渉に限らず、第二次伊藤内閣、なかでも陸奥の日清戦争に関する外交政策は、「陸奥神話」が形成される以前は芳しいものではなかった。いまでも言論界の一部で「陸奥神話」を称揚する論者がいるが、学問的根拠は薄いと言わざるを得ない。

陸奥による日清戦時外交の問題点としては、東アジア地域に強い影響力を持つイギリスとロシアの制止を振り切って強引に日清開戦を行ったため、日本を支持する強国がなくなったこと、戦勝の結果生じた陸軍・海軍・民間の度を超した領土要求に屈して、過大な割地要求を講和条約案に書き込んだこと、事前に予想された三国干渉への対応が拙劣であったことが指摘できる。陸奥は『蹇蹇録』で弁明を重ねているが、あまり説得的とは言えない。

さらに、日清戦争の最大の目的であったはずの朝鮮問題では、朝鮮王宮を制圧することから戦争を始め、戦争中には支配層と農民の両方の反日運動を弾圧したことから、朝鮮国内の各層の間に反日感情が広がり、三国干渉と閔妃殺害事件を経て日本の影響力が後退すると、反日親露派政権が誕生してしまうという最悪の結果を招いた。朝鮮問題への対応は、もちろん陸奥外相の守備範囲を超えた日本政府・軍の全体の政策的失敗であるが、陸奥も責任の一端を負わなければならないだろう。

それに加えて、日清戦争後、清は日本に対抗するためロシアに接近し、ロシアは東清鉄道敷設権、旅順・大連租借権、南満州鉄道敷設権を得た。すでに同時代の川崎三郎が彼の著書『日清戦史』で主張したように、日清戦争は外交で失敗した戦争であり、陸奥は外相としてその責任を負わなければならない。

国の命運をかけた戦争を遂行するにあたっての戦時外交が拙劣であった原因は、陸奥の個人的能力の問題以外に、条約改正問題だけが重要外交事項であったという時代的な制約から、本格的な戦時外交の経験を持った政治家がいなかったこと、および外交官養成制度が未完成でトップを支えるスタッフの能力に問題があったことに求められる。

そして日清戦争の失敗経験のうえに、義和団問題を契機とする一九〇〇年のロシア軍の満州侵攻後、日本は多角的な同盟・協商網の構築を模索しはじめ、一九〇二年に日英同盟という形で初めて西欧諸国と同盟を結ぶことになる。

困難な戦争指導

大本営による戦争指導はすでに述べたように川上操六参謀次長を中心に行われ、川上は山県や大山のような陸軍の宿老や、野津・山地・桂のような先輩や同輩に、指揮命令を与えざるを得ず、彼らの制御に苦しんだ。川上の伝記『陸軍大将川上操六』は、「時ありては彼等に掣肘《せいちゅう》せられ、時ありては板挟みと為って苦心」したが、困難に打ち勝って「終《つい》に能《よ》く全局を統括して最後の捷利《しょうり》を制」したと述べているが、川上の努力と心労は大変なものであったと想像される。実際、大本営の戦争指導はなかなか貫徹しなかった。

本書で紹介した事例では、第三師団長桂太郎中将の度重なる暴走が典型である。しかも、桂は名古屋に第三師団長として赴任後に暇を持て余して書きはじめた「自伝」では、西南戦争以後の陸軍の混乱を慨嘆し、陸軍省総務局長あるいは陸軍次官として、自らが陸軍軍政の整理・改革を行い、何よりも命令の上意下達の実現を図ったことを得々と述べている。にもかかわらず、実際に自分自身が戦場に臨むと、ほかの司令官との対抗意識を丸出しにして、大本営の作戦指導を無視して暴走した。

だがより大きな問題は、川上である。川上は、寺内正毅や児玉源太郎と協力して、兵力動員と船舶を動員した兵員輸送、朝鮮南端の釜山から朝鮮を横切って満州の作戦地域にまで達する兵站線・電信線の維持を実現した。その実行力と軍事官僚としての実務能力の評価は高い。しかし、その結果何が起こったかを知る後世の歴史研究者は批判的にならざるを得ない。一八九四年秋に発生した朝鮮の第二次農民戦争が、兵站線・電信線を破壊したことに対して、川上が命じたのは、東学農民軍とそれを支援する朝鮮農民に対するジェノサイド的な殺戮であった。その結果、朝鮮で反日意識が一層高まり、結果的に日本の朝鮮問題に対する失敗に帰結する。

また、川上は遼東半島割譲と直隷決戦に固執した。これが三国干渉の誘因となり、さらに列強の干渉が予想される複雑な国際情勢のなかで、極端に攻勢に偏した直隷決戦計画を実施し、本土防衛をないがしろにする危険性を生むことになった。これらは川上の戦争指導の問題点である。

日清戦争において、伊藤首相や大山第二軍司令官が戦争の全体の帰趨《きすう》を見て政策決定を行っていたのに対して、有能であることはだれにも負けない陸奥外相や川上参謀次長が、木を見て森を見ない政策決定を行っているように感じたのは、私だけであろうか。

戦費と日清戦後経営

本書では経済関係の説明をほとんど行わなかったが、最後に経済面から見た日清戦争を、経済史家である石井寛治の所説を引用して概観しよう。

日清戦争の臨時軍事費特別会計の支出決算額は、陸軍省所管一億六四五二万円、海軍省所管三五九六万円、合計二億四八万円であった。戦争の前年の一八九三年度の一般会計歳出が八四五二万円なので、戦費は一般会計歳出の二倍強に達した。

この戦費を調達するため、政府は内国公債を発行し、その金額は一億五五七五万円で、そのうちの一億一六八〇万円が臨時軍事費特別会計の歳入となった。民間経済への圧迫を懸念した実業界は、外国債の募集を主張したが、松方正義前蔵相の意を受けた渡辺国武蔵相は内国公債にこだわった。公債募集に際しては、蔵相が全国の銀行家を大蔵省に招いて協力を求め、また府県知事→郡長→町村長という行政ルートで、半ば強制的な割り当てが行われた。

行政ルートによる割り当てについては、本書第5章の福島県庁文書の『義勇奉公録』と『二十七八年功労者調書類』を紹介した項で、福島県が人・馬の動員と軍事公債募集の達成具合で、各町村長の戦争協力の度合いを判定していたことを思い出して欲しい。また、このときに日本銀行馬関（下関）支店長であった高橋是清は、日清戦時公債募集の様子について、「封建時代の軍用金を取り立てるに彷彿《ほうふつ》たるものがあった」と回想している（『高橋是清自伝』）。

下関講和条約で、日本は清から軍事賠償金二億両（日本円で三億一一〇〇万円）を獲得し、さらに遼東半島返還の報奨金として三〇〇〇万両（四五〇〇万円）を受け取った。戦勝の結果、日本は合計で二億三〇〇〇万両（三億五六〇〇万円）を得る。臨時軍事費特別会計の歳出が二億円強なので、日清戦争は儲《もう》かる戦争であった。一方の清は賠償金を自力で捻出する能力はなく、外債依存の泥沼に陥ることになる。

日清戦後経営の処方箋の作成を期待されて松方正義は再び蔵相に就任し、清から得た巨額の賠償金を使って、ロシアを仮想敵とする軍備拡充と産業基盤育成（鉄道・通信網拡充など）をバランスよく図る財政計画を立てようとしたが、陸軍と海軍の要求した過大な軍備拡張要求によって挫折し、蔵相を辞任した。

陸軍は、従来の七個師団を一三個師団とし、大陸の戦闘で必要な独立騎兵二個旅団と独立砲兵二個旅団を新設する陸軍拡張予算を提案し、海軍は、甲鉄戦艦（一万二〇〇〇～一万五〇〇〇トン級）六隻・一等巡洋艦六隻を中心とする、日清戦争段階とは比べものにならない、世界水準の艦隊の建設を要求した。

このような大軍拡を実行するためには巨額の資金が必要で、海軍拡張費要求は一〇年計画で二億一三一〇万円、陸軍拡張費要求は七年計画で八一六八万円、合計すると二億九四七八万円に達した。松方の辞任で蔵相に復帰した渡辺国武は、陸海軍の要求をほぼ満額で認め、軍備拡張費を合計二億七七〇〇万円とする計画を作成した。この結果、賠償金の八割が軍備拡張に費やされた。

国力を無視した軍備拡張と産業基盤育成を同時に実現させるために、政府は内国債を発行するとともに、一八九八年末に地租増徴を行い、翌年には英貨公債一〇〇〇万ポンド（日本円で約一億円）を募集せざるを得なかった。しかし、一九〇〇～〇一年に経済恐慌が起こると、内国債の募集が滞り、政府は行財政整理と公債支弁事業の中止・繰り延べに追い込まれた。以上のように、日清戦後の日本は、過度の軍備拡充を行ったため、期待された産業育成は不十分となった（石井寛治『日本の産業革命』）。

しかし、このような極端な軍備拡張は藩閥政府の力だけでは不可能で、衆議院の民党の協力なしには実現できなかったことは明らかである。

かつて「政費節減・民力休養」を主張していた民党勢力の多くは、日清戦争中には戦争勝利に熱狂し、日清戦後には政府と軍が確立したアジアへの軍事侵略路線に同調し、国民に負担を課す増税と公債募集を承認した。その代償として民党が受け取ったのは、日清戦争以前から見られた藩閥政府との提携の一層の強化と藩閥政府が独占していた行政府への参加であった。

日清戦後は、経済の近代化とともに、軍国主義化と政治面の民主化が並行して進行した時代であり、日清戦争はその契機となった。

そして民党を支え、民党所属議員を国会に送り出した地域の人々、ある者は戦場で兵士・軍夫として戦争を体験し、そして銃後の地域社会に残った圧倒的に多数の人々は、さまざまなメディアの伝える情報によって戦争を「体験」した。これらの戦争「体験」と戦後の戦没者追悼、また戦争中に身近になった「軍人天皇」像への崇拝を通して、近代の日本「国民」が形成されていくのである。

あとがき

中公新書編集部の白戸直人氏から、二〇一四年は日清戦争から一二〇年になるので、中公新書で『日清戦争』を書かないかというお誘いを受けたとき、佐谷眞木人『日清戦争――「国民」の誕生』を念頭に置いて、日清戦争のメディア史を書きたいと申し出た記憶がある。結局、この提案は実現せず、日清の開戦から講和条約締結を経て、台湾の抗日闘争と朝鮮の第二次農民戦争・第一次義兵闘争を含む、日清戦争の全過程の概説を書くことになった。私の願望の一端は本書第5章にかろうじて残っている。

幸い日清戦争研究には中塚明・藤村道生両氏による戦争の全体像を見通した古典的な研究があり、一九八〇年代以降、本書でも引用した各分野の研究成果が登場し、さらに最近、私自身も研究史の整理を行ったことがあった（『講座 明治維新』第五巻所収の拙稿「日清戦争」）ので、専門外の文献を読むのに苦労して、締切が遅れて編集部に迷惑をかけたものの、現在の研究状況を反映させた日清戦争の概説を書くことができた。

これまでの日清戦争研究の成果を読み、引用しながら苦心して通史を書いてみると、いままで自分が理解していた日清戦争像の不十分さがわかり、勉強になった。通史を書くことの効用である。

気づかされたことは多々あるが、その一つは、デモクラティックな政治運営を求めて政府を批判した民党が、日清開戦とその後の日本の帝国化に大きな責任があることを今更ながら痛感したことである。もちろん、権力維持のために朝鮮問題を利用した藩閥勢力や軍備拡張の口実に戦争を求めた軍に、最大の責任があることには変わりはないのだが。

かつて、専修大学法学部で同僚だった栄沢幸二氏の『大正デモクラシー期の政治思想』の尾崎行雄論を読んだとき、明治期の「憲政の神様」に対する評価が随分辛いなと感じたが、いまはその評価が的を射ていると得心した。そして、日清戦後に帝国化・軍国主義化と並行して、日本の政治運営の民主化が進展する状況のなかで、『廿世紀之怪物帝国主義』で愛国主義（ナショナリズム）と軍国主義に批判を加えた幸徳秋水の先見性をあらためて見直した。

もう一つの、執筆中に気になった問題は、現代の日本、韓国、中国、台湾の日清戦争認識の相違、特に歴史教育の分野での相違が著しいことである。現在の東アジア地域には、歴史認識と現実の政治や国際関係の緊張が関係する不幸な状況があり、一二〇年も前の戦争の記憶が呼び出されて、緊張激化に一役買うことさえある。歴史を学んで相手を憎むという馬鹿げたことがないように、まず互いの歴史認識を理解し、次に歴史事実を確認し、そのうえで共通の歴史認識に近づくよう努力すべきである。

先日、勤務する大学の歴史学科一年生向け授業で、「第二次農民戦争」「旅順虐殺事件」「台湾民主国」についてアンケートを実施すると、予想した通り正解率は低かった。これらの歴史用語は、韓国や中国の日清戦争に関する歴史教育では必須用語であるにもかかわらずである。自分の授業の不十分さだけでなく、中高の歴史教育にも問題があることを痛感した。

一方で、日本では日清戦争について、いまだに「日清戦争は朝鮮独立を助けた正義の戦争」、「日本軍は国際法を遵守した」、「乃木希典は一日で旅順を攻め落とした」など根拠のない言説が存在する。同様の事例が、韓国や中国にもあるかもしれない。

本書が若い人たちと教育関係者に読まれて、歴史事実の確認の手掛かりになり、韓国・中国との相互理解進展の一助になることを願っている。

最後に編集担当者の白戸直人氏に多大なお世話になったことを感謝したい。氏の率直で厳しい指摘と援助がなければ本書の出版は実現しなかっただろう。

二〇一四年五月

大谷　正

参考文献

本書が使用した主な参考文献は下記の通りである。公共の図書館で読むことができる比較的新しい一般的な研究書を中心にしたので、日清戦争についてさらに詳しく知りたいときに活用していただきたい。

＊

日清戦争の戦史については、参謀本部編『明治二十七八年日清戦史』全八巻・別巻（東京印刷株式会社、一九〇四〜〇七年、ゆまに書房より一九九八年に復刻）と海軍軍令部編『廿七八年海戦史』上下巻・別巻（春陽堂、一九〇五年）を使用した。本書中の作戦計画や戦闘の叙述は、この両書に拠って記述した箇所が多い。なお、参謀本部編の『日清戦史』編纂の問題点については、中塚明『歴史の偽造をただす――戦史から消された日本軍の「朝鮮王宮占領」』（高文研、一九九七年）と大澤博明「『征清用兵隔壁聴談』と日清戦争研究」（『熊本法学』一二二、二〇一一年）が興味深い指摘を行っている。

＊

日清戦争の全体を見通す著書としては、まず中塚明『日清戦争の研究』（青木書店、一九六八年）と藤村道生『日清戦争――東アジア近代史の転換点』（岩波新書、一九七三年）の二冊を挙げなければならない。久しぶりに両書を読み直すと、現代につながる研究の萌芽が豊富に発見され、その後の日清戦争研究が中塚・藤村という二人の歴史家の仕事との対話から始まったことが再確認できた。日清戦争の開戦過程と講和条約締結に関する外交史研究として、田保橋潔『日清戦役外交史の研究』（刀江書院、一九五一年）が古典的な地位を占めている。いまはほとんど顧みられないが、川崎三郎（紫山）の『日清戦史』全七巻（博文館、一八九六〜九七年）からは、日清戦争直後の雰囲気や発想法が読み取れて興味深い。

現代の研究水準を創りあげた、一九九〇年代以降の日清戦争に関する研究書では、開戦過程を解明した密度の高い研究書である高橋秀直『日清戦争への道』（東京創元社、一九九五年）があり、日清戦争の通史的叙述に挑戦した著書としては、檜山幸夫『日清戦争――秘蔵写真が明かす真実』（講談社、一九九七年）と原田敬一『日清戦争――戦争の日本史19』（吉川弘文館、二〇〇八年）がある。檜山『日清戦争』は、檜山が中心になって切り開いた日清戦争の政治外交史と社会史の叙述に特徴があり、原田『日清戦争』は、日清戦争を軍事史として描いた点がユニークである。従来研究が少なかった軍事史・戦争史分野の研究書としては、桑田悦編『近代日本戦争史・第一編日清・日露戦争』（同台経済懇話会、一九九五年）、大澤博明『近代日本の東アジア政策と軍事』（成文堂、二〇〇一年）、斎藤聖二『日清戦争の軍事戦略』（芙蓉書房出版、二〇〇三年）があり、教えられるところが多かった。

本書の執筆時には、高橋・檜山・原田・桑田・大澤・斎藤の著作を机の上に常備して、典拠とした。読者は、本書が主にこれらの本を再構成して書かれたことがわかるはずである。

この他に、日本の軍隊と戦争を理解するガイドブックとして、生田惇『日本陸軍史』（教育社歴史新書、一九八〇年）、森松俊夫『大本営』（教育社歴史新書、一九八〇年、吉川弘文館より二〇一三年に復刻）、桑田悦他編『日本の戦争――図解とデータ』（原書房、一九八二年）が便利で、本格的に研究する場合は大江志乃夫『日露戦争の軍事史的研究』（岩波書店、一九七六年）を読む必要がある。

＊

日清戦争に関係した日本の政治家・軍人の研究としては次の本を参考にした。

日清戦争時の総理大臣であった伊藤博文について、伊藤之雄『立憲国家の確立と伊藤博文』（吉川弘文館、一九九九年）と同『伊藤博文――近代日本を創った男』（講談社、二〇〇九年）があり、さらに山県有朋についても同じ著者による『山県有朋――愚直な権力者の生涯』（文春新書、二〇〇九年）がある。

伊藤と並ぶもう一人のキーパーソンで外務大臣だった陸奥宗光については、中塚明が『蹇蹇録』草稿と複数の完本を対照させて校訂を加え、陸奥による推敲過程を明らかにした『新訂蹇蹇録』（岩波文庫、一九八三年）を出版し、続いてこの校訂作業で得た知見をもとに「陸奥外交」を論じた、『「蹇蹇録」の世界』（みすず書房、一九九二年）を発表した。日清開戦時点の陸奥外相の行動の背景を理解するためには、大石一男『条約改正交渉史——一八八七〜一八九四』（思文閣出版、二〇〇八年）が必読である。

軍人の研究は、伊藤之雄による山県有朋の評伝以外に、千葉功『桂太郎——外に帝国主義、内に立憲主義』（中公新書、二〇一二年）、篠原昌人『陸軍戦略の先駆者小川又次』（芙蓉書房出版、二〇〇〇年）、小林道彦『桂太郎——予が生命は政治である』（ミネルヴァ書房、二〇〇六年）、同『児玉源太郎——そこから旅順港は見えるか』（ミネルヴァ書房、二〇一二年）がある。

不思議なことに、山県と並ぶ第二軍司令官であった大山巌については、児島襄の三〇年前の評伝しかなく、野津道貫、立見尚文、山地元治などの前線指揮官の伝記も新しいものがない。一番知りたい川上操六は、徳富蘇峰『陸軍大将川上操六』（薩藩史研究会、一九四二年、著者は第1章・総論を除くと川崎三郎）のみ。同書の記述は面白く、現在は見ることのできない資料を使っているが、戦時の用紙統制下の出版のため紙幅が制限されたので、資料引用が少なく、信頼性に不安が残る。

＊

東アジアの近代史については次の著作を参考にした。

川島真・服部龍二編『東アジア国際政治史』（名古屋大学出版会、二〇〇七年）および三谷博・並木頼寿・月脚達彦編『大人のための近現代史・一九世紀編』（東京大学出版会、二〇〇九年）。この両書は研究書ではないが、非専門家が一九世紀中期から末期までの東アジア史を理解するためには格好の良書で、平易に書いてあるが、実は大変高度な歴史叙述である。

清韓関係については、岡本隆司『世界のなかの日清韓関係史——交隣と属国、自主と独立』（講談社、二〇〇八年）と同『李鴻章——東アジアの近代』（岩波新書、二〇一一年）が必読である。この他に、学生時代からの愛読書である、坂野正高『近代中国政治外交史——ヴァスコ・ダ・ガマから五四運動まで』（東京大学出版会、一九七三年）を利用した。

朝鮮については、趙景達『異端の民衆反乱――東学と甲午農民戦争』（岩波書店、一九九八年）、同『近代朝鮮と日本』（岩波新書、二〇一二年）、同編『近代日朝関係史』（有志舎、二〇一二年）を参考にして叙述し、朝鮮政界のキーパーソンである高宗・大院君・閔妃については、木村幹『高宗・閔妃――然らば致し方なし』（ミネルヴァ書房、二〇〇七年）に教えられた。朝鮮における日本軍による糧秣・人馬の動員および一八九四年秋以降の第二次農民戦争については、朴宗根『日清戦争と朝鮮』（青木書店、一九八二年）、中塚明・井上勝生・朴孟洙著『東学農民戦争と日本――もう一つの日清戦争』（高文研、二〇一三年）、井上勝生『明治日本の植民地支配――北海道から朝鮮へ』岩波書店、二〇一三年）を参照した。

ロシアの東アジア政策については、原暉之『ウラジオストク物語――ロシアとアジアが交わる街』（三省堂、一九九八年）と、資料集であるが佐々木揚編訳『一九世紀末におけるロシアと中国――『クラースヌィ・アルヒーフ』所収史料より』（巌南堂書店、一九九三年）が必読文献である。

*

本書には、従軍した将兵の日記と手紙を引用して叙述した部分がある。

最初に朝鮮に渡った第五師団の動静は、第五師団長野津道貫中将の戦時日記『明治二十七八年陣中日記』（野津本人ではなく副官が書いた日記、国会図書館憲政資料室所蔵）と、元山から漢城まで行軍した濱本利三郎（下士官）が記した『日清戦闘実験《ママ》録』（地主愛子編『日清戦争従軍秘録――八〇年目に公開する、その因果関係』青春出版社、一九七二年）を使って描いた。

第4章では、次の日記を使用して旅順虐殺事件を参加した兵士の目線で描いてみた。

一一月二一日の午後、最初に旅順市街に突入した部隊の兵士が残した日記としては、歩兵第二連隊所属の小川幸三郎『征清日誌』（千葉県武射郡〔現山武郡〕出身、千葉県編『千葉県の歴史』資料編・近現代一、一九九六年所収）と関根房次郎『征清従軍日記』（千葉県南相馬郡出身、一ノ瀬俊也『旅順と南京――日中五十年戦争の起源』文春新書、二〇〇七年に紹介）を、歩兵第一五連隊第三大隊所属の窪田仲蔵『征清従軍日記』（長野県諏訪郡出身、岡部牧夫「一兵士の見た日清戦争」〔『創文』一二四～一二八、一九七三～七四年〉）を使用した。また、混成第一二旅団関係では森部静夫『征清日記』（福岡市立図書館所蔵の「森部静夫文書」。彼は歩兵第二四連隊第三大隊第一一中隊付小隊長で少尉）を使用した。

旅順虐殺事件研究は多いが、本書では大谷『近代日本の対外宣伝』（研文出版、一九九四年）・同「旅順虐殺事件再考」（『ヒストリア』一四九、一九九五年）と関捷総主編『旅順大屠殺研究』（中国社会科学文献出版社、二〇〇四年）を使用した。

拙著『兵士と軍夫の日清戦争――戦場からの手紙をよむ』（有志舎、二〇〇六年）は、第二師団衛戍地の仙台で発行されていた『東北新聞』『奥羽日日新聞』掲載の、戦場からの兵士・軍夫の手紙を使用した。現在、日清戦争に従軍した兵士の日記や手紙が各地で発見されており、その活用が期待される。

以上の他に、次のような研究書・論文と資料を引用した。

朝日新聞百年史編修委員会編『朝日新聞社史・明治編』（朝日新聞社、一九九〇年）
有賀長雄『日清戦役国際法論』（哲学書院、一八九六年）
有山輝雄『徳富蘇峰と国民新聞』（吉川弘文館、一九九二年）
有山輝雄『陸羯南』（吉川弘文館、二〇〇七年）
飯塚一幸「日清戦争論の現在――帝国化の起点をめぐって」（『グローバルヒストリーと帝国』大阪大学出版会、二〇一三年所収）
石井寛治『日本の産業革命――日清・日露戦争から考える』（朝日新聞社、一九九七年、講談社学術文庫版、二〇一二年）
乾照夫「軍夫となった自由党壮士――神奈川県出身の「玉組」軍夫を中心に」（『地方史研究』三二巻三号、一九八二年）
井上祐子『日清・日露戦争と写真報道――戦場を駆ける写真師たち』（吉川弘文館、二〇一二年）
海野福寿『日清・日露戦争』（集英社、一九九二年）

大谷正「新聞記者たちの日清戦争」(『専修大学人文科学年報』二五、一九九五年)
大谷正「川崎三郎小論——忘れられたアジア主義者・ジャーナリスト・史論家」(大阪大学文学部日本史研究室編『近世近代の地域と権力』清文堂出版、一九九八年所収)
大谷正「日清戦争報道とグラフィック・メディア——従軍した記者・画工・写真師を中心に」(『メディア史研究』二一、二〇〇六年)
大谷正「仙台地域の西南戦争関係資料と『仙台新聞』西南戦争関係記事」(科学研究報告書『西南戦争に関する記録の実態調査とその分析・活用についての研究』二〇一二年所収)
大谷正「日清戦争」(明治維新史学会編『講座 明治維新5・立憲制と帝国への道』有志舎、二〇一二年)
沖縄県教育委員会編『沖縄県史第一巻・通史』一九七六年
尾崎庸介「一八九〇年代におけるイギリスの東アジア政策と中国戦隊——中国戦隊司令官フリーマントルからみた日清戦争」(『政治経済史学』五一二号、二〇〇九年)
小野秀雄『日本新聞発達史』(大阪毎日新聞社、一九二二年)
姜徳相『錦絵の中の朝鮮と中国——幕末・明治の日本人のまなざし』(岩波書店、二〇〇七年)
木下直之『写真画論——写真と絵画の結婚』(岩波書店、一九九六年)
金文子『朝鮮王妃殺害と日本人——誰が仕組んで、誰が実行したのか』(高文研、二〇〇九年)
宮内庁編『明治天皇紀』第八・第九(吉川弘文館、一九七三年)
久保田米僊『米僊画談』(松邑三松堂、一九〇一年)
黄昭堂『台湾民主国の研究——台湾独立運動史の一断章』(東京大学出版会、一九七〇年)
小宮一夫『条約改正と国内政治』(吉川弘文館、二〇〇一年)
酒井敏「〈勇士〉の肖像——『日清戦争実記』と読者」(『日本近代文学』六七、二〇〇二年)
佐藤清彦『奇人・小川定明の生涯』(朝日文庫、一九九二年)
参謀本部編『陸海軍聯合大演習記事』一八九〇年

後田多敦「亀川党・黒党・黒頑派――琉球併合に抗する思想と行動」（『歴史評論』六九二、二〇〇七年）
千葉功『旧外交の形成――日本外交一九〇〇～一九一九』（勁草書房、二〇〇八年）
中日甲午戦争全史編委会『中日甲午戦争全史』全六巻（吉林人民出版社、二〇〇五年）
津田茂麿『明治聖上と臣高行』（一九三五年、復刻、原書房、一九七〇年）
土屋新之助『立見大将伝』（日正社、一九二八年）
鶴岡静夫『知られざる裁判干渉――李鴻章狙撃事件裁判』（雄山閣、一九七四年）
徳富猪一郎編『公爵桂太郎伝』乾坤（故桂公爵記念事業会、一九一七年）
徳富猪一郎『蘇峰自伝』（中央公論社、一九三五年）
西川誠『明治天皇の大日本帝国』（講談社、二〇一一年）
原田敬一・大谷正編『日清戦争の社会史――「文明戦争」と民衆』（フォーラム・A、一九九四年）
原田敬一「混成第九旅団の日清戦争――新出史料の「従軍日誌」に基づいて」一～三（『仏教大学歴史学部論集』一号～三号、二〇一一～一三年）
檜山幸夫「日清戦争宣戦詔勅草案の検討――戦争相手国規定の変移を中心に」（『古文書研究』一三・一五、一九七九～一九八〇年）
檜山幸夫「日台戦争論――台湾接収時における台湾での戦争の呼称問題を中心に」（檜山幸夫編著『帝国日本の展開と台湾』創泉堂出版、二〇一一年所収）
広島県編『広島県史通史編V近代1』一九八〇年
福永知代「久保田米僊の画業に関する基礎的研究（2）――久保田米僊と日清戦争」（『お茶の水女子大学人文科学紀要』五七巻、二〇〇四年）
堀口修「日清戦争における言論統制について」（『中央大学大学院研究年報』第一一号、一九八二年）
松沢裕作『町村合併から生まれた日本近代――明治の経験』（講談社選書メチエ、二〇一三年）
室山義正『近代日本の軍事と財政――海軍拡張をめぐる政策形成過程』（東京大学出版会、一九八四年）

渡辺重綱『征清紀行』（私家版、一八九六年。大谷「ある軍医の日清戦争体験と対清国観」〔『専修法学論集』九六、二〇〇六年〕で六〇歳で従軍した老軍医渡辺の日記を紹介した）
Farwell, B., *Queen Victoria's little wars*, Chatham, Wordsworth Edition, 1999.

年月日	事　項
3月24日	李鴻章，第3回講和会談の帰途，狙撃され負傷
3月30日	台湾・澎湖諸島を除き，日清休戦条約調印
4月17日	日清講和条約（下関条約）調印（朝鮮の独立承認，遼東半島・台湾・澎湖諸島の割譲，賠償金2億両支払いなど）
4月23日	ドイツ・フランス・ロシア3ヵ国，武力を背景に清への遼東半島返還を勧告（三国干渉）
5月4日	日本，遼東半島の清への全面返還を決定
5月10日	台湾総督府設置，樺山資紀を台湾総督に任命
5月25日	台湾住民，台湾民主国を樹立．台湾民主国崩壊後も，抗日義勇軍の武力闘争継続
6月7日	日本軍，台北を占領
10月8日	閔妃殺害事件
10月21日	台南占領
11月18日	樺山総督，台湾鎮定と大本営に報告するが，抗日闘争は継続
1896年	
1月	朝鮮で抗日義兵闘争発生
2月11日	朝鮮国王と世子，ロシア公使館に移り（露館播遷），親日派政権崩壊
4月1日	大本営解散

日清戦争 関連年表

年月日	事　項
	輸送船の攻撃を，大島混成旅団長に牙山の清軍の攻撃を命ずる
7月20日	大鳥圭介公使，清・朝鮮の宗属関係破棄などを要求した最後通牒を朝鮮に通告
7月23日	日本，朝鮮王宮を攻撃し，占領（日清戦争始まる）
7月25日	日本艦隊，豊島沖で清軍艦と交戦（豊島沖海戦），清兵を載せた英国籍輸送船高陞号を撃沈（高陞号事件）
7月29日	大島混成旅団，朝鮮成歓で清軍を破る（成歓の戦い）
8月1日	清，光緒帝の宣戦上諭を発する
8月2日	日本，天皇の宣戦詔書（8月1日付）を発する
9月1日	大本営，第一軍を編成し，山県有朋を司令官に任命
9月13日	大本営，広島に向けて移動，15日到着
9月15日	第五師団，平壌攻撃（16日占領）
9月17日	連合艦隊，清艦隊と交戦，制海権を掌握（黄海海戦）
10月24日	第一軍，鴨緑江を渡河．この後，九連城，鳳凰城，大孤山を占領
11月6日	大山巌を司令官とする第二軍，遼東半島の花園口に上陸し，金州を占領
11月21日	第二軍，旅順を占領．日本軍による虐殺事件起こる（旅順虐殺事件）
11月	朝鮮で第二次農民戦争が発生
12月13日	第一軍，海城を占領
1895年	
1月20日	第二軍，威海衛の北洋艦隊攻撃を目的に山東半島に上陸
2月1日	日清の講和全権，広島県庁で会談，清国の全権委任状不備を理由に交渉拒否
2月12日	北洋艦隊司令官丁汝昌など抗戦派幹部の自殺，劉公島守備隊と北洋艦隊が降伏
3月4日	牛荘城占領
3月9日	田庄台占領，市街を焼き払って撤退する
3月20日	全権伊藤博文・陸奥宗光，清全権李鴻章と第1回講和会談
3月23日	日本軍，澎湖諸島に上陸（25日占領）

日清戦争 関連年表

年月日	事　項
1882年	
7月23日	朝鮮の漢城で，朝鮮兵による兵乱（壬午軍乱）
8月30日	日朝，済物浦条約を締結
1884年	
12月4日	朝鮮の漢城で，金玉均ら開化派のクーデタ（甲申政変）．日清両軍の戦闘
1885年	
1月9日	日朝，漢城条約を締結
4月18日	日清，天津条約を締結．朝鮮から日清両軍撤退，軍事教官派遣停止，出兵時の相互事前通知を取り決める
1894年	
2月15日	朝鮮の全羅道古阜で全琫準の率いる農民反乱始まる
3月28日	金玉均，上海で暗殺される
4月25日	朝鮮の全羅道茂長で，東学農民軍が蜂起（甲午農民戦争，または東学農民戦争）
5月31日	東学農民軍，全羅道の全州を占領．朝鮮政府，清に派兵要請する
6月2日	日本，清の朝鮮への出兵に対抗し，混成一個旅団（混成第九旅団，大島義昌少将）派兵を決定
6月9日	清軍，朝鮮牙山に上陸
6月12日	日本軍，朝鮮仁川に上陸
6月16日	陸奥宗光外相，東学党の共同鎮圧と撤兵しないで朝鮮内政の共同改革を行うことを清へ提議
6月21日	清，日本側の提議を拒否．日本，臨時閣議にて，日清の衝突は避けられないと，第二次輸送隊の派遣を決定
6月22日	日本，御前会議で，清への第一次絶交書を決定
6月30日	ロシア，日清の同時撤兵を要求．次いで，イギリスも調停に乗り出す
7月12日	日本，第二次絶交書を決定
7月19日	日本，開戦を決定．海軍に増兵を目的とする清艦隊と

大谷 正（おおたに・ただし）

1950（昭和25）年，鳥取県生まれ．大阪大学文学部卒．
大阪大学大学院文学研究科博士課程退学，博士（文学）．
1982年専修大学法学部講師，助教授，教授を経て，
2010年より専修大学文学部歴史学科教授．専攻・日本
近代史・メディア史．

著書『近代日本の対外宣伝』（研文出版，1994年）
　　『兵士と軍夫の日清戦争』（有志舎，2006年）
共著『日清戦争の社会史』（フォーラムA，1994年）
　　『日露戦争スタディーズ』（紀伊國屋書店，2004年）
　　他多数

日《にっ》清《しん》戦《せん》争《そう》
中公新書 *2270*

2014年6月25日発行

著　者　大谷　正
発行者　小林敬和

本文印刷　三晃印刷
カバー印刷　大熊整美堂
製　　本　小泉製本

発行所　中央公論新社
〒104-8320
東京都中央区京橋 2-8-7
電話　販売 03-3563-1431
　　　編集 03-3563-3668
URL http://www.chuko.co.jp/

Published by CHUOKORON-SHINSHA，INC.
Printed in Japan　ISBN978-4-12-102270-7 C1221

中公新書

日本史

d3